웰빙과
웰다잉은
한 끗
차이다

웰빙과 웰다잉은 한 끗 차이다

발행일	2018년 3월 16일			

지은이 홍 종 임

펴낸이 손 형 국

펴낸곳 (주)북랩

편집인	선일영	편집	오경진, 권혁신, 최예은, 최승헌
디자인	이현수, 김민하, 한수희, 김윤주, 허지혜	제작	박기성, 황동현, 구성우, 정성배
마케팅	김회란, 박진관, 유한호		

출판등록 2004. 12. 1(제2012-000051호)

주소 서울시 금천구 가산디지털 1로 168, 우림라이온스밸리 B동 B113, 114호

홈페이지 www.book.co.kr

전화번호	(02)2026-5777	팩스	(02)2026-5747

ISBN 979-11-6299-020-9 03380 (종이책) 979-11-6299-021-6 05380 (전자책)

(주)북랩 성공출판의 파트너

북랩 홈페이지와 패밀리 사이트에서 다양한 출판 솔루션을 만나 보세요!

홈페이지 book.co.kr • **블로그** blog.naver.com/essaybook • **원고모집** book@book.co.kr

아름다운 웰다잉을
위한 작가 홍종임의
10가지 이야기

홍종임 지음

웰빙과 웰다잉은 한 끗 차이다

'죽음은 삶이 만든 최고의 발명'이라는 스티브 잡스의 통찰처럼
우리는 언젠가 죽음을 맞이하기에 오늘을 삶의 마지막 날인 것처럼
최선을 다해 살 수 있는 것이다.
웰다잉해야 웰빙이 완성된다!

북랩 bookLab

내가 헛되이 보낸 오늘은
어제 죽어간 누군가가
간절하게 살고 싶었던 오늘이다

랄프 왈도 에머슨
Ralph Waldo Emerson

이 책을
　　지금까지 열심히 살아 오신

＿＿＿＿＿＿＿＿＿＿ 님에게
　　　　　　　　바칩니다.

나는 왜 이 책을 쓰게 되었는가?

제가 웰다잉(Well-Dying)에 대한 책을 쓰겠다고 하자, 친한 지인들의 의견이 아주 다양했습니다.

어떤 이는 "죽는다는 건 생각도 하기 싫어!" 또 다른 이는 "나이 오십이 넘으니, 이제 뭔가 준비를 해야 할 것 같아…; 근데 뭐부터 준비해야 할지 막막하네…" 등, 크게 두 부류의 의견으로 나뉘더군요.

하다못해 1박 2일로 여행을 가도 가방을 싸고, 옷을 준비하고, 간단하게나마 집 청소를 하는데, 우리는 영원한 여행인 죽음에 대해 준비는커녕, 언급하는 것 자체를 싫어하고 지나치게 터부시하는 것 같습니다. 죽는 게 좋은 사람이 어디 있겠습니까? 그런데 죽음을 무조건 멀리하고 터부시한다고 해서 안 죽나요? 시기가 다를 뿐, 우리는 모두 언젠가는 반드시 죽습니다. 그것이 인간인 우리의 숙명입니다.

잘사는 나라일수록 죽음이란 주제를 양지陽地로 끌고 나와, 어릴 때부터 교육도 하고 나이와 관계없이 준비도 하는 추세입니다. **그대가 성공한 사람**

일수록, 돈이 많은 사람일수록, 재능이 많은 사람일수록, 유명한 사람일수록 웰다잉을 꼭 준비해야 합니다.

평균 수명 80세를 넘어 웬만하면 누구나 100세까지 사는 21세기입니다. 검은 눈동자를 통해 빛을 보듯이, 더 오래 살아야 하는 장수 시대이기에 죽음을 음지陰地가 아닌 양지로 끌고 나와야 할 때입니다.

'웰다잉이 되어야 웰빙(Well-being)**이 완성된다'**는 진실을 더 이상 외면하지 말아야겠습니다. 그래서 국내에서 발행된 책들을 살펴보니, 전문가나 종교인들이 쓴 책들이 대부분이더군요. 책 읽는 걸 좋아하지만, 솔직히 전문가들이 쓴 책은 너무 어렵고 종교인들이 쓴 책은 약간 거리감이 느껴졌습니다.

저는 방송작가로 10년 이상 일하고, 영업 업무를 10년 이상 한, 이미 책을 두 권이나 낸 작가입니다. 스스로를 나이롱 작가라 칭하고 일반인에 가깝다고 생각하는지라, 일반인의 시선에서 어렵지 않게, 무엇보다도 어둡지 않게 웰다잉을 이야기하려는 목적에서 이 책을 쓰게 되었습니다.

이 책을 쓰기까지는 20년이 넘는 시간이 걸렸습니다. 자유와 정의를 부르짖으며 최루탄 연기 자욱한 캠퍼스에서 대학 시절을 보냈고 졸업 후, 정의롭지 않은 이 땅이 싫어 다른 나라로 살러 떠나보기도 했었습니다. 그러나 결국, 이 땅의 매연마저 그리워 2년 만에 다시 고향으로 돌아와 지금까지 20년 넘게 밑바닥에서 최상위층까지 두루두루 만나 일하면서, 많은 생각을 하고 고민도 하고 글을 써 왔습니다.

모든 일은 타이밍이 가장 중요하다고 생각합니다. 웰다잉을 이야기할 타이

밍이 바로 지금인 것 같습니다.

'강하고 자유롭고 아름다운 삶'을 살고 싶어 하고 위대한 스토리텔러(story-teller)가 되기를 꿈꾸는 '나이롱 작가'의 이야기에 잠시만 귀 기울여 주세요.

그럼, 지금보다 훨씬 더 행복하고 충만한 삶이 기다리고 있을지도 모릅니다.

무엇보다도 이 책으로 인해, 제가 아는, 혹은 제가 모르는 누군가가 단 한 분이라도 좀 더 나은 삶을 살 수 있다면, 저는 무한정 기쁘고 행복할 것입니다.

이왕 손에 잡은 책, 끝까지 읽어주시면 더할 나위 없이 감사하겠습니다.

2018년 2월
찬란한 새벽을 기다리며
홍종임

Q&A

Q : 요즘 신문, 방송에서 말하는 웰다잉법이 도대체 뭔가요?

A : 정식 명칭은 '연명의료결정법'입니다. **1장**을 참고하세요.

Q : 몸과 마음이 건강할 때 '사전연명의료 의향서'를 쓰고 싶은데 어디서 써야 하나요? 또 쓰면 보관은 어디서 하나요?

A : **1장**을 보시면 됩니다.

Q : 제가 몸이 건강한 편은 아닌데 사후에라도 장기기증이 가능할까요?

A : 물론입니다. **4장**에 보시면 사후 장기기증에 관해 자세히 나와 있습니다.

Q : 몇 달 전에 어떤 분이 장기기증을 했는데 사후처리를 안 해 줘서 유가족이 분노하고, 이로 인해 많은 분이 장기기증 철회를 했는데 어떻게 된 건가요?

A : 안타깝게도 아직 정부 예산이라든지 여러 부분에서 미진한 부분이 있습니다. 보건복지부에서 장기이식 병원으로 지정한 병원에서 장기이식 진행 후 여러 가지 사후 서비스가 진행됩니다. 이 점이 빨리 개선되어야 장기기증이 더 활성화된다고 봅니다. 참고로 **4장**을 보시면 지정병원 명단을 볼 수 있습니다.

Q : 집에서 가까운 호스피스 병원은 어떤 곳입니까?

A : **2장**에 자세한 설명이 있습니다. 지역별로 호스피스 병동이 있는 병원 이 안내돼 있습니다.

Q : 연명의료결정법이 시행되고 나면 뭐가 달라지는가요? 부작용이나 제도적 인 미비점은 없나요?

A : **1장**에 나와 있습니다.

Q : 가족 중의 누군가 돌아가시면 행정처리, 카드정리, 각종 신고를 어떻게 해 야 할지 막막합니다.

A : **10장 부록**에 자세히 나와 있습니다.

Q : 안락사하고 존엄사의 차이점은 뭔가요?

A : **3장**을 잘 읽어보세요.

Q : 몇 년 전에 어떤 자산가가 전 재산을 사학재단에 기부하시고 돌아가셨는 데, 유언에 결격사유가 있어 가족들에게 재산을 돌려줬다고 들었습니다. 뭐가 문제였나요?

A : **10장 부록**에 나와 있습니다. 유언의 절대 구성요소 중 하나가 빠졌었 다고 합니다.

Q : 갑자기 가족이 사망했습니다. 우리는 선산이나 가족묘가 없는데 어떻게 해야 할지 막막합니다.

A : **10장 부록**에 보면 전국 장례식장, 화장장, 납골묘, 공원묘지 리스트가 나와 있습니다.

Q : 아버지가 빚만 잔뜩 남기고 돌아가셨습니다. 어떻게 해야 아버지 빚을 물려받지 않을 수 있습니까?

A : 사망한 아버지 빚을 몽땅 포기하면 상속 순위대로 넘어갑니다. '한정 승인 제도'를 이용하셔서서 가족, 친지들에게 아버지 빚이 넘어가지 않도록 조처하세요. **8장**을 읽어 보세요.

Q : 서점에 파는 엔딩노트(Ending note)가 너무 비싸고 불필요한 내용이 많던데요, 나에게 딱 필요한 내용만 쓰는 엔딩노트는 없을까요?

A : **8장**을 참고하세요.

Q : 솔직히 가장 두려운 것은 '치매'인데요, 정신이 말짱할 때, 치매에 걸릴 경우에 대비하고 싶습니다. 치매사전의향서는 없나요?

A : **10장 부록**에 〈사전치매요양 의향서〉가 있습니다.

Q : 하는 일이 영업직이라, 십 년 넘게 정신교육을 질리도록 들어와서 웬만한 정신교육 가지고는 눈 하나 꿈쩍도 안 합니다. 정신이 번쩍 들 만한 뭔가가 있을까요?

A : 한 달이나 일 년 뒤 **죽는다고 생각**하고 유서와 엔딩노트를 써 보세요. 내가 죽는다고 생각하면 못할 일이 어디 있겠습니까?

메멘토 모리

메멘토 모리 *Memento mori*
라틴어로 '죽음을 기억하라!'라는 뜻입니다.

옛날 로마에서 전쟁에 나갔다가 승리를 거두고
개선하는 장군이 시가행진을 할 때,
노예를 시켜 행렬 뒤에서 큰 소리로
'메멘토 모리'를
외치게 했다고 합니다.

'전쟁에서 승리했다고 너무 우쭐대지 마라.
오늘은 개선장군이지만
너도 언젠가는 죽는다.
그러니 경솔하게 행동하지 말라!'는 의미랍니다.

출처: 위키백과

차례

제1장
연명의료결정법(일명, 웰다잉법)이란 무엇인가?　　　 / 21

제 2 장
호스피스 연명의료 제도란?　　　　　　 / 41

제1장

연명의료결정법(일명, 웰다잉법)이란 무엇인가?

1. <연명의료결정법>이란?

일명 <웰다잉법>, 혹은 <존엄사법>이라고도 불리는 <연명의료결정법>은 지난 2016년 1월 17일 입법되었습니다. 2017년 8월 4일에 1차로 <호스피스 서비스의 확대>로 시행되었고, 2018년 2월 4일부터는 환자 스스로의 의지에 따라 연명치료를 중단할 수 있는 '존엄사'가 시행되었습니다.

이 법의 발의 단초는 1997년 '서울 보라매병원 사건'입니다. 이 사건은 보라매병원에서 환자의 인공호흡기를 뗀 의사와 가족들이 '살인방조죄'와 '살인죄'로 기소된 사건입니다.

이후 2008년 '김 할머니 사건'이 결정적인 역할을 하게 됩니다. 세브란스 병원에서 식물인간 상태인 한 할머니의 인공호흡기를 떼 달라는 가족의 요구를 대법원이 받아들인 사건입니다. 김 할머니 사건이 일어난 지 20년 후인 2018년 2월, '존엄사법'이라 할 수 있는 <연명의료결정법>이 실시됩니다. 20년 동안 수많은 사람에게 '죽음의 질과 품위 있는 죽음'에 대한 끊임없는 논란 가운데서 얻어진 결과물입니다.

이런 우여곡절을 겪은 끝에 시행되는 <연명의료결정법>은 더 이상 회복할 가능성이 없는 '임종기' 환자가, 자기 자신의 결정에 따라 무의미한 연명치료를 중단할 길을 열어놓은 법입니다.

여기서 임종 과정에 있는 '임종기 환자'는 회생의 가능성이 없고 치료를 해도 회복되지 않아 결국 사망에 이를 수밖에 없는 상태의 환자를 말합니다. 임종기 진단은 담당 의사 1명과 관련 분야 전문의 1명, 총 두 명의 전문의가 판단합니다.

매년 무의미한 연명치료를 하다가 사망하는 사람이 평균 3만 명이나 된다고 합니다.

그동안에는 환자 자신이 자신의 치료중단 의사를 미리 밝혀놓지 않으면 살인방조죄로 사법처리 되었습니다. 그래서 의료인들은 불법을 저지르지 않기 위해 불필요한 의료행위인 줄 알면서도 계속 치료를 할 수밖에 없었고, 환자 가족들은 비싼 치료비를 감당해야 하는 일이 적지 않았습니다.

임종 과정에 있는 환자가 행정적인 절차를 거치게 되면 '인공호흡기', '심폐소생술', '혈액투석', '항암제투여'의 4가지 의료행위를 선택하거나, 치료를 중단할 수 있습니다.

연명치료를 중단해도 환자의 고통과 통증을 줄이기 위한 다양한 '진통제투여 서비스'는 물론, 원하면 '호스피스 서비스'도 받을 수 있습니다.

무엇보다도 사전연명의료의향서를 이미 신청했다고 하더라도, 혹시 마음이 변하면 언제든지 환자 본인이나 가족이 취소 가능하다고 합니다.

2. 환자의 의사능력 여부에 따른 사전연명의료의향서 작성방법

그림 1-1 의사능력 있는 환자의 사전연명의료의향서 작성 방법(임종기 환자가 아닌 경우, 만 19세 이상 성인만 가능)

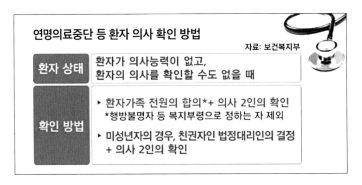

그림 1-2 의사능력 없는 환자의 사전연명의료의향서 작성 방법(의사 2인: 담당의사 + 관련분야 전문의)

3. 사전연명의료의향서와
연명의료계획서의 차이점

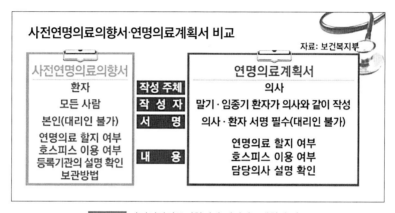

그림 1-3 사전연명의료의향서와 연명의료계획서 비교

4. 사전연명의료의향서 서식

표 1-1 사전연명의료의향서 서식

■ 호스피스·완화의료 및 임종과정에 있는 환자의 연명의료결정에 관한 법률 시행규칙 [별지 제1호서식]   (앞쪽)

연명의료계획서

※ 색상이 어두운 부분은 작성하지 않으며, [ ]에는 해당되는 곳에 √표를 합니다

등록번호		※ 등록번호는 의료기관에서 부여합니다.	
환자	성 명		주민등록번호
	주 소		
	전화번호		
	환자 상태	[ ] 말기환자	[ ] 임종과정에 있는 환자
담당의사	성 명		면허번호
	소속 의료기관		
연명의료 중단등결정 (항목별로 선택합니다)	[ ] 심폐소생술		[ ] 인공호흡기 착용
	[ ] 혈액투석		[ ] 항암제 투여
호스피스의 이용 계획	[ ] 이용 의향이 있음		[ ] 이용 의향이 없음
담당의사 설명사항 확인	설명 사항	[ ] 환자의 질병 상태와 치료방법에 관한 사항 [ ] 연명의료의 시행방법 및 연명의료중단등결정에 관한 사항 [ ] 호스피스의 선택 및 이용에 관한 사항 [ ] 연명의료계획서의 작성·등록·보관 및 통보에 관한 사항 [ ] 연명의료계획서의 변경·철회 및 그에 따른 조치에 관한 사항 [ ] 의료기관윤리위원회의 이용에 관한 사항	
	확인 방법	[ ] 서명 또는 기명날인 년 월 일 성명 (서명 또는 인) [ ] 녹화 [ ] 녹취 ※ 법정대리인 년 월 일 성명 (서명 또는 인) (환자가 미성년자인 경우에만 해당합니다)	
환자 사망 전 열람허용 여부	[ ] 열람 가능	[ ] 열람 거부	[ ] 그 밖의 의견

「호스피스·완화의료 및 임종과정에 있는 환자의 연명의료결정에 관한 법률」 제10조 및 같은 법 시행규칙 제3조에 따라 위와 같이 연명의료계획서를 작성합니다.

년 월 일

담당의사   [서명 또는 인]

210mm×297mm[백상지(80g/㎡) 또는 중질지(80g/㎡)]

유의사항	

1. 연명의료계획서란「호스피스·완화의료 및 임종과정에 있는 환자의 연명의료결정에 관한 법률」제10조에 따라 말기환자 또는 임종과정에 있는 환자의 의사에 따라 담당의사가 환자에 대한 연명의료중단등결정 및 호스피스에 관한 사항을 계획하여 문서로 작성하는 것을 말합니다.

2. 환자는 연명의료계획서의 변경 또는 철회를 언제든지 요청할 수 있으며, 담당의사는 해당 환자의 요청 사항을 반영하여야 합니다.

210mm×297mm[백상지(80g/㎡) 또는 중질지(80g/㎡)]

5. 사전연명의료의향서 등록 기관

최근(2018년 2월) 보건복지부에서 사전연명의료의향서 등록기관을 발표했습니다. 꼭 지정된 곳에서 사전연명의료의향서를 작성하셔야 합니다.

혹시 사전연명의료의향서 작성자가 마음이 변하면, 언제든지 의료 결정법 시행령에 따라 자신이 처음 서류를 작성한 곳이 아니어도 등록 기관 어디서든 **의향서의 변경 또는 철회가 가능**합니다. 단, 의향서는 가족 등 대리인이 아닌 본인이 직접 작성해야 합니다.

표 1-2 사전연명의료의향서 등록 기관

기관 분류	기관명(가나다 순)	기관 수
공공기관	- 국민건강보험공단	1
비영리법인 또는 단체	- 대한웰다잉협회 - 사단법인 사전의료의향서 실천모임 - 사단법인 원불교호스피스회 - 사단법인 한국불교호스피스협회 - 사단법인 한국웰다잉교육협회 - 사단법인 희망도레미 - 사회복지법인 각당복지재단 - 사회적협동조합 멋진인생웰다잉 - 아라웰다잉연구회 - 웰다잉전북연구원	10

지역 보건의료 기관	- 고창군 보건소 - 광양시 보건소 - 금천구 보건소 - 김제시 보건소 - 문경시 보건소 - 부산 사상구 보건소 - 부안구 보건소 - 부천시 보건소 - 서울 중구 보건소 - 완주군 보건소 - 인천 부평구 보건소 - 전주시 보건소 - 정읍시 보건소 - 천안 서북구 보건소	14
의료 기관	- 강원도 원주의료원 - 고신대학교 복음병원 - 국민건강보험공단 일산병원 - 단국대학교 의과대학 부속병원 - 대구의료원 - 사단법인 보리수연세 안심프롤로의원 - 서울대학교병원 - 서울아산병원 - 세계로 요양병원 - 아가페의료재단 시티병원 - 연세의료원 - 예손 요양병원 - 의료법인 인화재단 한국병원 - 의료법인 일심의료재단 우리병원 - 의료법인 한성재단 포항세명기독병원 - 인천광역시 의료원 - 재단법인 예수병원유지재단 예수병원 - 전북대학교병원 - 진안군의료원 - 충남대학교병원 - 허브휴병원 - 효사랑 전주 요양병원 - 효산의료재단 안양샘병원 - 효산의료재단 지샘병원	24

6. 웰다잉법 악용은 막아야 한다

연명치료 중단 진단을 받기 위한 조건

선의의 목적을 가진 〈연명의료결정법〉(이하 웰다잉법과 명칭 병용)을 환영하는 목소리가 지배적이지만, 현대판 고려장이나 생명경시 풍조를 낳을지도 모른다는 우려의 시선도 적지 않습니다. 더구나 〈웰다잉법〉은 사회적인 약자나 가족 간의 불화에 이용되어서는 안 됩니다. 그래서 연명치료 중단 진단을 받기 위한 조건이 당연히 존재합니다.

연명치료 중단 진단을 받기 위한 조건은 다음과 같습니다. 먼저, 만 19세 이상으로 사전연명의료의향서를 작성한 경우는 의사가 확인하고 환자의 상태에 따라 연명의료인지, 아닌지를 진단합니다. 그러나 사전연명의료의향서를 사전에 준비하지 못하고 중증 질환으로 입원한 경우, 환자가 담당 의사에게 연명의료계획서의 작성을 요청할 수 있습니다. 이때 의사가 환자에게 설명하고 환자의 확인을 받아 이를 작성하면 사전연명의료의향서같은 법적 효력을 가지게 됩니다.

환자의 의사를 확인할 수 없는 경우는 가족 전원이 합의하고 의사 두 명이 확인하여 연명치료를 중단할 수 있습니다. 이때 가족 간에 합치가 이루어지지 않는 경우가 많이 발생하곤 합니다. 따라서 건강할 때 사전연명의료의향서를 작성해 무의미한 연명치료를 반대한다는 자기 의사 표현을 확실히 해 두는 것이 혹시나 나중에 있을 가족 간의 분란을 막을 수 있습니다.

사전연명의료의향서는 만 19세 이상 성인이면 병의 유, 무와 상관없이 작성할 수 있습니다.
또 사전연명의료의향서를 작성했다고 할지라도, 언제든지 등록기관에 요청해 내용을 변경하거나 철회할 수도 있습니다.

혹시 사전연명의료의향서에 관한 궁금한 점이 있다면 **국가생명윤리정책연구원 국립연명의료관리기관 설립추진단(02-778-7595, 7592)**으로 문의하시면 됩니다.

7. 연명의료결정법 시행시
문제점은 없는가?

　〈연명의료결정법〉은 의미 없는 연명치료를 중단하고 인간으로서의 존엄성을 지키며 생을 마감한다는 일명 '웰다잉(Well-Dying)'을 돕는다는 취지로 만들어졌습니다. 물론 이렇게 좋은 취지의 법도 처음부터 완벽할 수는 없습니다. 어떤 일이든 첫술에 배부른 일은 절대 없으니까요. 그럼 당장 크게 드러나는 연명의료 결정제도의 문제점을 잠시 살펴볼까요?

　첫 번째 문제점은 현재 우리나라 병원의 97%가 연명의료를 중단하고 싶어도 하지 못 한다는 점입니다. 현행 〈연명의료결정법〉에 따르면, **의료기관윤리위원회(윤리위)**를 설치한 의료기관만이 연명의료 중단을 할 수 있기 때문입니다.

　2018년 2월 4일 현재, 국립연명의료관리기관에 따르면, 의료기관윤리위원회가 설치된 병원은 전체 병원급 이상 의료기관 3324곳 가운데 98개 기관(3%)에 그칩니다(자세한 병원명은 다음의 '병원급 이상 의료기관 윤리위원회 등록 병원' 부분 참조).

　그래서 중소병원이나 요양병원에 있는 환자가 연명의료중단을 하려면 윤리위가 개설된 병원으로 옮겨야 하는 해프닝이 벌어질 수도 있습니다. 윤리위 개설은 '의무'가 아니라 '선택'이라, 웬만한 대형 병원이 아니라면 이 개설에 드는 비용이 부담될 수밖에 없습니다.

두 번째 문제점은 **가족 범위의 합리적인 축소**입니다. 미리 사전연명의료의향서를 작성하지 않은 경우, 환자 가족은 배우자, 직계비속, 직계존속 모두의 동의를 얻어야 합니다. 그러나 고령자의 경우, 가족의 수가 어마어마하기에 이를 합리적으로 축소할 필요성이 있습니다. 반대로 무연고자나 독거노인의 경우는 가족이 없기에 연명의료 유보나 중단이 어렵습니다. 이에 대한 대책도 시급합니다.

세 번째 문제점은 연명의료는 현행법상 임종 과정에 있는 환자에게 심폐소생술, 혈액투석, 항암제투여, 인공호흡기 착용 같은 4가지만 중단할 수 있다는 점입니다.

승압제[1], 에크모[2] 같은 연명의료는 적용받지 않고 항생제 투여도 적용받지 않아, **중단할 수 있는 연명의료의 범위**를 더 넓힐 필요가 있다고 봅니다.

---

1) 승압제: 혈관수축제. 쇼크, 저혈압일 때 혈압을 상승시키는 약제.
2) 에크모: ECMO. 체외막 산소화 장치. 환자의 혈액 속에 이산화탄소를 제거하고 산소를 주입해 몸속으로 돌려보내는 장치. 인공 폐.

마지막으로 네 번째 문제점은 **호스피스 병동의 부족**입니다.

예전에는 말기 암 환자만 호스피스 시설을 이용할 수 있었지만, 이제는 말기 암 환자 외에도 에이즈 환자와 만성 폐쇄성 호흡기질환, 만성 간경화 말기 환자들도 이용할 수 있게 됐습니다. 앞으로 점점 호스피스 이용 대상이 늘어날 전망입니다.

호스피스 서비스는 두 가지로 나뉩니다. 호스피스 병동이 마련된 병원의 병실에서 호스피스 서비스를 받는 것과 의료진이 집으로 찾아가는 가정형 호스피스 서비스가 그 두 가지입니다. 병원의 경우, 말기 환자들이 많이 찾는 상급 종합병원과 대학병원 병상 중 호스피스 병상은 1%도 안 되는 1,300개에 불과하다고 합니다.

그래서인지 우리나라의 호스피스 병상의 이용 기간은 평균 3주에 불과하지만, 선진국들은 3개월 이상이라고 합니다. 물론 삶을 정리하기엔 3개월도 충분하진 않지만 그래도 3주는 너무 빠듯한 시간입니다.

'시작이 반'이라고 했습니다. 인간다운 삶과 죽음을 위해 〈연명의료결정법〉이 이제 첫걸음을 뗀 만큼, 시행하다 보면 문제점들이 계속 드러날 텐데요. 이미 시행 중인 다른 나라들의 사례를 본보기 삼아 지속적으로 잘 보완되기를 바랍니다.

8. 병원급 이상 의료기관
윤리위원회 등록 병원

2018년 2월 현재 기준으로 98개 병원. 종합병원(343), 중소병원(1,462), 요양 병원(1,519)을 병원급 의료기관이라 함.

표 1-3 병원급 이상 의료기관 윤리위원회 등록 병원

지역	기관명(가나다 순)	기관 수
서울	- (의)참예원의료재단 서초참요양병원 - (학)가톨릭대학교서울성모병원 - (학)일송학원 강남성심병원 - 가톨릭대학교 성바오로병원 - 강동 경희대병원 - 강동 성심병원 - 강북 삼성병원 - 건국대학교병원 - 경희의료원 - 고려대의대부속 구로병원 - 고려대학교의료원 - 국립중앙의료원 - 대림성모병원 - 삼성서울병원 - 서울대학교병원 - 서울아산병원 - 서울적십자병원 - 서울특별시 북부병원 - 서울특별시 서남병원 - 서울특별시 서울의료원 - 성애병원 - 순천향대학병원 - 시립보라매병원	32

지역	기관명(가나다 순)	기관 수
서울	- 연세의료원(신촌) - 의료법인참예원의료재단 강남구립행복요양병원 - 의료법인참예원의료재단 송파참노인전문병원 - 의료법인한전의료재단 한일병원 - 중앙대학교병원 - 참예원의료재단 성북참노인전문병원 - 한강성심병원 - 한국원자력의학원 원자력병원 - 한양대학교병원	
부산	- 고신대학교 복음병원 - 동래 성모병원 - 인제대학교부속 부산백병원 - 한국보훈복지의료공단 부산보훈병원	4
인천	- 가톨릭관동대학교 국제성모병원 - 가톨릭대학교인천성모병원 - 메디플렉스 세종병원 - 부평세림병원 - 인천광역시의료원 - 인하대학교의과대학부속병원	6
대전	- 건양대학교병원 - 대전나진요양병원 - 충남대학교병원 - 학교법인가톨릭대학교대전성모병원	4
경기	- 가은병원 - 가톨릭대학교 성빈센트병원 - 가톨릭대학교의정부 성모병원 - 고려대학교부속 안산병원 - 광명성애병원 - 국립암센터병원 - 국민건강보험공단 일산병원 - 단원병원 - 보바스기념병원 - 분당 서울대학병원 - 새오름가정의원 - 순천향대학교부속 부천병원 - 아가페의료재단 시티병원 - 아주대학교병원 - 원광대학교의과대학 산본병원 - 의료법인일심의료재단 우리병원 - 의료법인 혜원의료재단 - 의료법인효산의료재단 안양샘병원 - 재단법인 원불교 원광종합병원 - 한양대학교의과대학부속 구리병원 - 효산의료재단 지샘병원	21

지역	기관명(가나다 순)	기관 수
강원	- 강릉아산병원 - 강원대학교병원 - 한림대학교부속 춘천성심병원	3
충북, 충남	- 충북대학교병원 - 단국대의과대학 부속병원 - 학교법인동은학원순천향대학교부속 천안병원	3
광주	- KS병원 - 재단법인광주기독병원 - 전남대학교병원	3
전북, 전남	- 재)원불교 원병원 - 예수병원 - 원광대학교의과대학병원 - 전북대학교병원 - 효사랑가족요양병원 - 효사랑전주요양병원 - 목포기독병원 - 성가롤로병원 - 여수전남병원 - 여천전남병원 - 화순전남대학교병원	11
대구	- 경북대학교병원 - 대구가톨릭의료원 - 영남대학교의료원	3
경북, 경남, 울산	- 경상북도립 안동노인전문요양병원 - 구미 차병원 - 학교법인울산공업학원 울산대학교병원 - 경상대학교병원 - 의료법인희연의료재단 희연병원 - 창원 파티마병원 - 학교법인성균관대학 삼성창원병원	7
제주	- 제주대학교병원	1

출처: 보건복지부, 국립연명의료관리기관

1000명의 말기 암 환자들이 말하는
후회 없는 죽음을 위해 꼭 알아야 할 것들

오츠 슈이치

1. 자신의 몸을 소중히 하지 않았던 것

2. 유산을 어떻게 할까 결정하지 않았던 것

3. 꿈을 실현할 수 없었던 것

4. 맛있는 것을 먹지 않았던 것

5. 마음에 남은 연애를 하지 않았던 것

6. 결혼을 하지 않았던 것

7. 아이를 낳아 기르지 않았던 것

8. 악행에 손댄 일

9. 감정에 좌지우지돼 일생을 보내 버린 것

10. 마음에서 자신을 제일이라고 믿고 살아온 것

11. 마음과는 달리 생애 마지막에 의지를 보이지 않았던 것

12. 사랑하는 사람에게 '고마워요'라고 말하지 않았던 것

13. 가고 싶은 장소를 여행하지 않았던 것

14. 고향에 찾아가지 않았던 것

15. 취미에 시간을 할애하지 않았던 것

16. 만나고 싶은 사람을 만나지 않았던 것

17. 하고 싶은 것을 하지 않았던 것

18. 사람에게 불친절하게 대했던 것

19. 아이를 결혼시키지 않았던 것

20. 죽음을 불행하다고 생각한 것

21. 남겨진 시간을 소중히 보내지 않았던 것
22. 자신이 산 증거를 남기지 않았던 것
23. 종교를 몰랐던 것
24. 자신의 장례식을 준비하지 않았던 것
25. 담배를 끊지 않았던 것

오츠 슈이치(大津秀一)
일본 기후대학교 의학부를 졸업하고 교토의 일본 뱁티스트병원 호스피스에서 최연소 호스피스 전문의로 근무.
일본내과학회·소화기병학회 전문의와 일본존엄사협회 리빙윌(LW) 수용협력의사로도 활동하고 있는 그는 다양한 저술과 강연 활동을 통해 완화의료와 생사의 문제 등 존엄한 죽음을 함께 생각하는 장을 마련하는 데 앞장서고 있다.
저서로는 베스트셀러인 『죽을 때 후회하는 스물다섯 가지』를 비롯해, 『감동을 남기고 떠난 열두 사람』, 『죽음학, 마지막을 평온하게, 완화 의료와 권유』, 『남은 시간은 6개월, 인생을 충실하게 마무리하는 방법』 등이 있다.

제2장

호스피스 연명의료 제도란?

1. 호스피스제도란?

선진국 사례 비교

'호스피스'의 기원은 라틴어 Hospice에서 온 것으로 host나 gest를 의미합니다. 이는 중세 수도원에서 피곤한 여행자들에게 휴식을 제공하기 위해 마련된 장소라고 합니다. 이런 의미에서 유래된 호스피스는 최근에는 임종을 앞둔 말기 암이나 시한부 환자들이 각자의 상황에 따라 호스피스 병동에 입원하거나 가정방문 호스피스를 통해 인간의 존엄성을 가지고 자연스러운 죽음을 맞이할 수 있도록 육체적·사회적·정신적으로 보살핌을 받는 것을 의미합니다.

호스피스는 아프거나 죽어가는 사람들을 위해 장소를 제공하고 필요한 간호를 베풀어 준 것이 그 효시가 되었다고 합니다. 현재는 고칠 수 없는 질환의 말기 환자와 가족에게, 가능한 한 편안하고 충만한 삶을 영위하도록 하는 총체적인 돌봄(care)의 개념으로 봅니다.

우리나라는 호스피스 진료가 1965년 강릉 갈바리 의원에서 아시아 최초로 시작되었지만, 의료제도로 정착하지 못하고 종교단체의 봉사 활동 수준으로 인식돼 왔습니다. 그리고 현재 호스피스 진료가 가능한 병원이 늘어났지만, 그 필요에 비해 너무 적은 수인 것도 사실입니다.

대부분의 선진국은 임종을 앞둔 말기 환자를 지원하는 체계가 잘 갖춰져 있습니다. 병원에서 삶의 마지막을 맞이하는 우리와 달리, 그곳에서는 병원·가정·호스피스 시설 등 다양한 선택지가 주어집니다. 또한, 호스피스 치료 프로그램 내용에는 병원과 지역사회가 손을 잡고 단순 치료를 넘어 심리적 안정, 죽음을 바라보는 가치관까지 심어주는 등 서비스의 폭도 넓습니다.

먼저, 호스피스 제도가 일찍 생겨 모범적으로 운용되는 나라들을 살펴보겠습니다. 50년 전, 세계 최초로 호스피스 개념이 도입된 나라는 영국입니다. 2015년 영국의 경제 주간지 〈이코노미스트(the economist)〉의 〈죽음의 질 지수 보고서〉에 따르면, 영국은 '죽기 직전의 삶의 질' 부분에서 세계 1위고, 우리나라는 18위라고 합니다.

영국 정부는 일찌감치 존엄한 죽음을 위해 노력해 왔습니다. 1991년에는 호스피스국가위원회(현 국가완화의료위원회)를 설립했고, 2001년에는 완화의료에 대한 건강보험 지원을 시작했습니다. 2008년에는 〈국가 생애 말기 돌봄 전략(NEOLCS)〉을 발표하면서 말기 환자 관리 체계를 확립했습니다.

영국은 인간은 모두 '좋은 죽음'을 맞이할 권리가 있다고 강조합니다. 그리고 품위 있는 삶의 마무리를 위해 첫째, 존엄한 인격체로 존중받으며 치료를 받고, 둘째, 고통과 병증이 없어야 하며, 셋째, 익숙한 환경에 머물고, 넷째, 가족이나 친구들과 함께한다는 4대 원칙을 세웠습니다. 이에 따라 사망 직전 병원 이송을 줄이고 요양시설·가정에서 미리 임종을 준비하도록 체제를 정비했습니다. 병원은 말기 환자를 위한 전문 프로그램을 제공하는 한편, 입원은 최소화했습니다. 또한, 환자와 그 가족들이 자연스레 임종을 받아들이도록 도와주는 전문인력 교육도 강화했으며 서비스 측면에서도 가정 호스피스, 주간 돌봄 프로그램 등을 마련했습니다.

미국에서는 남은 삶이 6개월 이내인 환자를 대상으로 호스피스 전문가팀이 집에서 임종을 준비하는 환자를 찾아갑니다. 미국은 노인 요양시설과 호스피스 전문기관에서 임종하는 경우도 흔하고, 환자의 질병 치료보다는 이들의 상태 안정에 초점을 맞춥니다. 생명 연장치료를 포기하는 대신, 남은 생애를 잘 마무리할 수 있도록 돕는 것입니다.

이웃 나라 일본도 아시아 국가 중에선 앞선 편입니다. 일본의 호스피스 대상은 말기 암이나 에이즈(후천성면역결핍증) 환자로 규정돼 있습니다. 호스피스 서비스가 우리나라는 3주에 불과하고 대부분의 나라에선 3개월인데 비해, 일본은 서비스 이용일수와 남은 수명에 대한 제한이 없습니다. 2000년대에 들어서는 가정 호스피스 수요가 늘어나면서 의사·간호사가 직접 말기 환자의 자택을 찾아가거나 병원 내에 가정간호 병동을 두고 있는 추세입니다. 특히 일본은 왕진 수가가 높아서 의료진의 가정 방문이 활발합니다.

우리나라는 2017년 8월 호스피스완화의료 서비스의 확대로 건강보험이 적용되었습니다. 2018년 1월 현재 국내에는 98개의 호스피스완화의료 전문기관이 있습니다. 그중 21개소에서 가정 호스피스완화의료 서비스가 시범 사업 중입니다.

앞으로 다양한 호스피스완화의료 서비스를 실시하는 병원이 지속적으로 늘어날 것입니다. 혹시 호스피스 서비스가 필요한 분들이 있다면 다음의 홈페이지를 방문해 가까운 호스피스 병원도 찾으시고, 비용이나 호스피스 서비스 적용 가능 여부를 문의하시면 됩니다.

호스피스 홈페이지(www.hospice.cancer.go.kr)
국가암정보센터(대표전화 1577-8899)
건강보험심사평가원 홈페이지(www.hira.or.kr)

그림 2-1 호스피스완화의료에 대한 안내문

호스피스완화의료란 무엇인가요?
통증 등 환자를 힘들게 하는 신체적 증상을 적극적으로 조절하고 환자와 가족의 심리 사회적, 영적 어려움을 돕고 이를 위해 의사, 간호사, 사회복지사 등으로 이루어진 완화의료 전문가가 팀을 이루어 환자와 가족의 고통을 경감시켜 삶의 질을 향상시키는 것을 목표로 하는 의료 서비스입니다.

출처 : 국립암센터 호스피스완화의료 홈페이지(www.hospice.cancer.go.kr)

2. 호스피스완화의료 전문기관이란?

호스피스완화의료 전문기관은 통증 등 말기 암 환자를 힘들게 하는 신체적 증상을 적극적으로 조절하고, 환자와 가족의 심리 사회적, 영적 어려움을 돕기 위해 의사, 간호사, 사회복지사 등으로 이루어진 완화의료 전문가팀이 **환자와 가족의 고통을 경감시켜 삶의 질을 향상시키는 것을 목표로 하는 의료서비스를 제공하는 기관**입니다. **2018년 현재, 전국 98개 완화의료 전문기관이 보건복지부 지정을 받아 운영 중입니다.**

(1) 호스피스완화의료 전문기관이 제공하는 서비스

① 통증 조절
- 일반 의료기관보다 완화의료기관에서 통증이 더 잘 조절됩니다.

② 증상조절
- 메스꺼움, 구토, 수면장애, 식욕부진, 숨 가쁨, 변비 등 환자들이 주로 호소하는 증상들이 상당 부분 완화됩니다.

③ 다양한 프로그램

- 음악요법, 미술요법, 마사지 등 다양한 프로그램을 통해 정서적, 신체적 도움을 받아 삶을 의미 있게 보낼 수 있도록 돕습니다.

④ 임종 돌봄

- 환자와 가족이 마지막을 함께 하는 임종이 더 따뜻할 수 있도록 돌봄 서비스를 제공합니다.

⑤ 사별 돌봄

- 임종 후 남겨진 가족들을 위한 돌봄 서비스를 제공합니다.

(2) 완화의료 전문기관과 요양병원, 일반병원의 차이

표 2-1 완화의료 전문기관과 요양병원·일반병원 비교

완화의료 전문기관과 요양병원· 일반병원 비교	완화의료 전문기관	요양병원	일반병원
	보건복지부에서 심사하여 전문기관 지정	주로 공동 간병인을 두고 운영하는 장기 간병 목적	일반의료기관
	의료 보험(본인 부담 5%)	일당 정액제	의료 보험(본인 부담 5%)
	완화의료 전담 병동 운영 전문 완화의료팀이 증상 조절, 심리 사회적지지, 가족 돌봄 제공	치매, 중풍 등 만성 노인성 질병	말기암 환자보다 일반적인 급성질환 환자가 더 많음
최종 수정일: 2015년 1월 1일			

출처: 국립암센터 호스피스완화의료 홈페이지(www.hospice.cancer.go.kr)

3. 호스피스완화의료에 대한
오해와 진실

오해 1

완화의료 전문기관은 임종할 때 가서 죽음을 기다리는 곳이다?

진실

　아닙니다! 완화의료 전문기관은 적극적으로 통증 등 증상의 치료와 환자와 가족의 정서적·사회적·영적 지지를 받을 수 있는 곳입니다.

오해 2

　완화의료 전문기관에서는 아무것도 해주지 않는다?

진실

　아닙니다! 환자를 힘들게 하는 통증, 구토, 호흡곤란, 복수들의 증상을 적극적으로 치료하며 심리적·사회적 지지와 임종 돌봄, 사별가족 돌봄 서비스도 제공합니다.

오해 3

완화의료 전문기관에서는 자원봉사자가 간병을 다 해준다?

진실

아닙니다! 간병은 가족이 하는 것이 원칙입니다. 하지만 필요에 따라서 간병인을 고용할 수 있습니다.

오해 4

완화의료 전문기관에서는 가족과 함께 지낼 수 없다?

진실

아닙니다! 가족이 함께 지낼 수 있습니다. 또한, 가족의 심리적·사회적 어려움에 대해서도 도움받으실 수 있습니다.

오해 5

완화의료 전문기관은 비싸다?

진실

아닙니다! 일반병원과 같은 건강보험이 적용됩니다. 암 환자는 중증질환으로 본인 부담 5%가 적용됩니다. 하지만 다른 의료기관과 같이 상급병실료나 특진비 등 비급여 항목도 있으며 이는 병원마다 다르게 적용되고 있습니다.

출처: 국립암센터 호스피스완화의료 홈페이지(www.hospice.cancer.go.kr)

4. 완화의료는
'질병치료'가 아니라 '돌봄'(care)이다

호스피스완화의료의 개념은 질병 치료의 개념이 아닙니다. 세포 단위의 질병을 치료하는 것이 아니라, 전인적이고 총체적인 휴머니즘의 접근으로 시행하는 돌봄입니다. 현대의학이 환자를 질환별로 완치를 향한 치료적인 측면만을 강조하는 경향이 있기 때문에, 치료가 불가능한 환자들은 소외를 받는 것도 사실입니다. 무엇보다도 환자 스스로 자신의 삶을 정리할 시간이 필요한데 죽기 직전까지도 가망 없는 치료에만 매달려 환자는 물론 가족들에게도 많은 상처와 경제적인 부담을 남기는 경우가 많습니다.

이들에게는 과잉진료 문제까지 불러오는 치료가 아니라, 삶의 남은 시간 동안 고통 없이 현재 환자의 증상 조절과 정신적인 도움을 통한 삶의 질의 향상을 이루는 치료를 할 수 있음에도 불구하고 적절한 치료가 이루어지지 않고 있습니다. 이에 환자를 병의 치료적인 면에서의 접근이 아니라, 총체적인 돌봄의 접근을 통해 삶의 질을 향상시키는 시도가 바로 '호스피스완화의료'입니다.

호스피스 대상이 되는 환자들은 대부분 죽음을 향해 가는 중입니다. 그런데 그 과정이 너무 아프고 고통스럽다고 합니다. 예전에는 말기 암 환자들만 호스피스 서비스 대상이었습니다. 그 말은 말기 암의 고통이 상당하다는 의미입니다.

호스피스 치료는 말기 환자를 편하게 해주는 완화요법이 주된 치료가 되는 시기입니다. 예를 들어, 처음에 말기 암으로 진단을 받으면 각종 다양한 암에 따라 평균 기대여명(life expectancy)에 차이는 있지만, 대개 여명이 수주에서 수개월 정도(평균 3개월 정도)입니다. 물론 이런 수치는 통계에 근거한 것이므로 대부분의 환자가 이 정도라는 것입니다. 일부의 환자는 며칠이나 몇 주가 될 수도 있고, 일부의 환자는 1년 이상 사는 경우도 있습니다.

이 시기는 이미 진행된 병으로 인해 여러 증상으로 환자들이 심하게 고통을 받는 단계입니다. 따라서 최대한 환자를 편하게 해주고 통증을 줄여주는 완화요법이 아주 중요한 치료라고 할 수 있습니다. 각종 진통제를 이용한 통증 조절, 호흡곤란의 조절 등이 필요하고, 최대한 인간으로서 존엄한 죽음을 맞이할 수 있도록 도와주는 것이 이 시기의 치료입니다.

암성 통증의 90%는 적절한 진통제의 사용으로 조절 가능하다고 합니다.

이때 사용하는 진통제의 종류는 다양한데, 통증 강도에 따라 단계적으로 사용한다고 합니다. 그런데 우리나라의 경우, 대부분의 말기 암 환자들은 통증이 심해도 강한 진통제를 복용하기를 꺼립니다. 그 이유는 대개 나중에 통증이 더 심해졌을 때 조절을 할 수 없게 되지 않을까? 하는 불안한 마음 때문이라고 합니다.

강력한 의료용 진통제를 처방하는 전문의들에 따르면, 그런 걱정은 하지 않아도 됩니다. 통증 조절을 위한 진통제는 여러 단계가 있습니다. 초기에는 비마약성 진통제 → 약한 마약성 진통제 → 강한 마약성 진통제의 순서로 단계를 올리고, 같은 단계 안에서도 여러 종류의 진통제가 있습니다. 또한, 마약성 진통제의 양도 환자의 통증 조절을 위해서는 환자가 견딜 수 있는 범위에서 얼마든지 무한대로 늘릴 수 있습니다. 그러므로 통증이 심해져서 진통제를 좀 더 강한 단계로 먹게 되어도, 내성은 걱정하지 않아도 됩니다.

혹시 내성이 생길까 봐 진통제를 규칙적으로 복용하지 않고 아플 때만 먹게 되면 통증 조절이 더 어려워집니다. 진통제 복용의 가장 큰 이유는 다음번에 올 통증의 예방이 목적이기 때문입니다. 통증 예방을 위해서는 진통제를 규칙적으로 복용해야 하며, 몸 안에서 일정한 농도의 진통제가 있어야 하루 24시간 동안 아프지 않고 잘 버틸 수가 있습니다.

결론적으로 말하자면, 호스피스 치료를 받는 동안 환자의 질병으로 인한 고통을 완화시키는 다양한 진통제를 사용하여 몸과 마음의 고통을 줄이고 평안한 임종을 맞을 수 있도록 의료 행위를 집중하는 것이 '완화의료'라 할 수 있습니다.

통증은 의료진에게 맡기고 얼마 남지 않은 시간을 고통에서 해방되어 생의 마지막 시간을 편안하게 지내야겠습니다.

(1) 최근 9년간 전국 호스피스 서비스 이용내용

표 2-2 호스피스 서비스 이용률

호스피스 서비스 이용률					
해당년도	년 신규 이용환자수 (1)	국내 암사망자수 (2)	호스피스 서비스 이용률(3)	국내 전체 사망자수(2)	사망자수 대비 이용률(4)
2008	5,046	68,192	7.3%	246,113	2.1%
2009	6,365	69,780	9.1	246,942	2.6%
2010	7,654	72,046	10.6	2255,40546,	3.0%
2011	8,494	71,519	11.9	257,396	3.3%
2012	8,742	73,759	11.9	267,221	3.3%
2013	9,573	75,334	12.7	266,257	3.6%
2014	10,559	76,611	13.8	267,692	3.9%
2015	11,504	76,855	15.0	275,895	4.2%
2015	13,663	78,194	17.5	280,827	4.9%

(1) 출처: 2009~2016년 사업신청서내 호스피스 진료현황(기관보고) - 청주의참사랑병원, 보바스기념병원, 세브란스병원(2008), 서울대병원(2008, 2009) eVelos 자료, 서울대병원(2010, 2011) 최종결과 보고서 자료로 대체
(2) 출처: 2008~2016년 사망원인통계(통계청), 암사망원인 C00-97
(3) 호스피스 서비스 이용률(%) = 년 신규이용 환자수 / 국내 암사망자수 * 100
(4) 사망자수 대비 이용률(%) = 년 신규이용 환자수 / 국내 전체 사망자수 * 100

(2) 호스피스 서비스에 대한 만족도

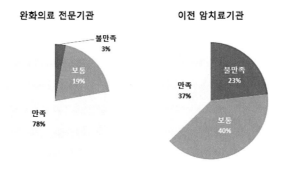

완화의료 전문기관

불만족
3%

보통
19%

만족
78%

이전 암치료기관

불만족
23%

만족
37%

보통
40%

그림 2-2 호스피스 전문기관의 평가(2015년)

2015년 호스피스 전문기관의 평가

호스피스 전문기관과 이전의 암치료기관과의 만족도를 비교한 결과,

호스피스 전문기관에서 제공받은 의료서비스에 대한 만족도가 '만족' 78%로

이전 암치료기관의 37%보다 크게 높은 만족도를 보였음.

출처: 국립암센터 호스피스완화의료 홈페이지(www.hospice.cancer.go.kr)

5. 지역별 전국 완화의료 전문기관 리스트 98개

2018년 1월 기준

표 2-3 지역별 전국 완화의료 전문기관

지역	기관명(가나다 순)	기관 수
서울	- 서울 상급종합병원 가톨릭대학교 서울성모병원 - 서울 종합병원 가톨릭대학교 성바오로병원 - 서울 종합병원 가톨릭대학교 여의도성모병원 - 서울 종합병원 강동성심병원 - 서울 상급종합병원 고려대 구로병원 - 서울 종합병원 국립중앙의료원 - 서울 상급종합병원 서울대학교병원 - 서울 상급종합병원 서울아산병원 - 서울 종합병원 서울적십자병원 - 서울 종합병원 서울특별시 동부병원 - 서울 병원 서울특별시 북부병원 - 서울 병원 서울특별시 서남병원 - 서울 병원 서울특별시 서북병원 - 서울 종합병원 서울특별시 서울의료원 - 서울 상급종합병원 연세대 세브란스병원 - 서울 상급종합병원 이화여대 목동병원 - 서울 의원 인성기념의원 - 서울 의원 전`진`상의원 - 서울 종합병원 중앙보훈병원 - 서울 종합병원 한국원자력의학원 원자력병원	20
부산	- 부산 상급종합병원 고신대학교 복음병원 - 부산 병원 동래성모병원 - 부산 종합병원 메리놀병원 - 부산 상급종합병원 부산대학교병원 - 부산 종합병원 부산보훈병원 - 부산 종합병원 부산성모병원 - 부산 종합병원 온종합병원 - 부산 요양병원 인창요양병원	8

지역	기관명(가나다 순)	기관 수
경기	- 경기 병원 남천병원 - 경기 새오름가정의원 - 경기 샘물 호스피스병원 - 경기 수현기독의원 - 경기 안양샘병원 - 경기 연세 매디람내과 - 경기 의원 굿피플의원 - 경기 의원 모현센터의원 - 경기 인제대 일산백병원 - 경기 종합병원 가톨릭대학교 부천성모병원 - 경기 종합병원 가톨릭대학교 성빈센트병원 - 경기 종합병원 경기도의료원 의정부병원 - 경기 종합병원 경기도의료원 파주병원 - 경기 종합병원 국립암센터 - 경기 종합병원 국민건강보험 일산병원 - 경기 종합병원 메트로병원 - 경기 지샘병원 - 경기 카톨릭관동대학교 국제성모병원 - 경기 하랑내과의원 - 경기지역 암센터 아주대병원	20
인천	- 인천 상급종합병원 가천대 길병원 - 인천 종합병원 가톨릭관동대학교 국제성모병원 - 인천 상급종합병원 가톨릭대학교 인천성모병원 - 인천 요양병원 봄날요양병원 - 인천 요양병원 아암요양병원 - 인천 상급종합병원 인하대학교병원 - 인천 요양병원 청라백세요양병원	7
강원	- 강원 의원 갈바리의원 - 강원 종합병원 강원대학교병원 - 강원 요양병원 원주민중요양병원	3
충남	- 충남 종합병원 홍성의료원	1
충북	- 충북 요양병원 참사랑요양병원 - 충북 요양병원 청주원광효도요양병원 - 충북 종합병원 청주의료원 - 충북 상급종합병원 충북대학교병원	4
대전	- 대전 종합병원 가톨릭대학교 대전성모병원 - 대전 종합병원 대전보훈병원 - 대전 상급종합병원 충남대학교병원	3
경북	- 경북 병원 계명대학교 경주동산병원 - 경북 종합병원 안동의료원 - 경북 종합병원 포항의료원	3

지역	기관명(가나다 순)	기관 수
대구	- 대구 상급종합병원 계명대학교 동산병원 - 대구 상급종합병원 대구가톨릭대학교병원 - 대구 종합병원 대구보훈병원 - 대구 종합병원 대구의료원 - 대구 종합병원 대구파티마병원 - 대구 의원 사랑나무의원 - 대구 상급종합병원 영남대학교병원 - 대구 상급종합병원 칠곡경북대학교병원	8
울산	- 울산 종합병원 울산대학교병원 - 울산 요양병원 이손요양병원 - 울산 요양병원 정토마을자재요양병원	3
경남	- 경남 상급종합병원 경상대학교병원 - 경남 종합병원 창원파티마병원 - 경남 의원 희연의원	3
전북	- 전북 종합병원 군산의료원 - 전북 종합병원 남원의료원 - 전북 병원 엠마오사랑병원 - 전북 요양병원 익산성모병원 - 전북 병원 재단법인 원불교 원병원 - 전북 상급종합병원 전북대학교병원	6
광주	- 광주 종합병원 광주기독병원 - 광주 종합병원 광주보훈병원 - 광주 의원 천주의성요한의원	3
전남	- 전남 종합병원 목포중앙병원 - 전남 종합병원 순천성가롤로병원 - 전남 병원 순천의료원 - 전남 상급종합병원 화순전남대학교병원	4
제주	- 제주 의원 성이시돌복지의원 - 제주 종합병원 제주대학교병원	2

출처: 국립암센터 호스피스완화의료 홈페이지(www.hospice.cancer.go.kr)

스티브 잡스
2005년 6월 스탠포드 대학 졸업연설 전문

"죽음은 삶이 만든 최고의 발명품이다."

감사합니다.

오늘 이렇게 세계 최고 대학에서 여러분의 졸업식에 참석하게 된 것은 제게 큰 영광입니다.

사실 저는 대학을 졸업하지 못했습니다. 대학 졸업식을 이렇게 가까이서 보는 것도 처음입니다. 오늘 저는 제 인생에서 있었던 세 가지 이야기를 해드리려고 합니다. 대단한 건 아니고, 딱 3가지 이야기입니다.

첫 번째는 **인생의 점들의 연결**에 관한 이야기입니다.

저는 리드 대학에 입학한 지 6개월 만에 중퇴했습니다. 그 후 청강을 하며 대학 주변에 머물다가 1년 반 후에는 정말로 그만뒀습니다.

제가 왜 중퇴를 했을까요?

이 이야기를 하자면 제가 태어나기 전으로 거슬러 올라갑니다.

제 생모는 젊은 미혼모 대학원생이었습니다. 그래서 저를 입양시키기로 결정했습니다. 그녀는 제 장래를 위해 대학을 나온 양부모를 원했습니다.

그런데 양어머니는 대졸도 아니고, 양아버지는 고등학교도 안 나와서 생모는 입양동의서에 사인하기를 거부했습니다.

몇 달 후, 양부모님이 저를 대학까지 보내겠다고 약속한 후에야 생모는 고집을 꺾었습

58   웰빙과 웰다잉은 한 끗 차이다

니다. 이것이 제 인생의 시작이었습니다.

그리고 17년 후 저는 확실히 대학에 입학했습니다. 노동자 계층이었던 부모님이 애써 모아둔 돈이 모두 제 학비로 들어갔습니다. 6개월 후, 대학 생활이 제게는 그만한 가치가 없어 보였습니다.

인생에서 내가 무엇을 하고 싶은지, 또 대학이 그것을 찾아내는 데 얼마나 도움이 될지 알 수 없었습니다. 그런데도 양부모님이 평생 모으신 재산을 쏟아붓는 상황이었습니다.

그래서 모든 일이 잘될 거라고 믿고 자퇴를 결심했습니다.

당시에는 두려웠지만 돌이켜 보면 제 인생에서 최고의 결정이었습니다.

자퇴 후엔 관심 없던 필수과목들을 그만두고 더 흥미 있어 보이는 강의를 듣기 시작했습니다.

기숙사에서 머물 곳이 없었기 때문에, 친구 집 마루에서 자기도 했고, 5센트짜리 콜라 병을 모아 끼니를 때우기도 했습니다. 매주 일요일 밤이면 모처럼 제대로 된 음식을 먹기 위해 7마일을 걸어 하리 크리슈나 사원의 예배에 참석하기도 했습니다. 오로지 호기심과 직감을 믿고 저지른 일이 훗날 아주 소중한 경험이 되었습니다. 대학을 자퇴하여 정규과목을 들을 필요가 없었으므로 저는 서체 수업을 들었습니다.

그때 저는 세리프와 산세리프체를, 다른 글씨의 조합 사이의 그 여백의 다양함을, 활자 레이아웃을 훌륭하게 만드는 요소에 대해 배웠습니다.

그 당시에는 이중 어느 하나도 제 인생에 실질적으로 도움이 될 것 같지는 않았습니다.

그러나 10년 후 우리가 첫 번째 매킨토시를 구상할 때, 우리가 설계한 매킨토시에 그 기능을 모두 집어넣었습니다.

그것은 정말 아름다운 서체를 가진 최초의 컴퓨터였습니다.

만약 제가 서체 수업을 듣지 않았다면 매킨토시(Macintosh)의 복수서체 기능이나 자동 자간 맞춤기능은 없었을 것이고, 맥을 복제한 윈도우(Windows)에도 그런 기능이 없었을 것이고, 결국 개인용 컴퓨터(Personal Computer, PC)에는 이런 기능이 없었을 것입니다.

만약 대학을 중퇴하지 않았다면, 서체 수업을 듣지 못했을 것이고, PC에는 지금과 같은 뛰어난 서체가 없었을 것입니다.

물론 제가 대학에 있을 때는 미래를 내다보고 점들을 연결하는 것은 불가능한 일이었습니다.

지금 과거를 돌이켜 볼 때야 그들을 연결할 수 있었습니다.

그러니 여러분은 미래에 점들이 연결될 것임을 확신해야 합니다. 배짱, 운명, 인생, 숙명 등 그 무엇이 되었든 믿음을 가져야 합니다.

그 이유는 현재가 앞으로의 미래와 연결된다는 믿음이, 여러분 자신의 마음을 따르도록 하는 데 있어서 확신을 주기 때문입니다. 또한, 그 길이 아무리 험한 길이라 할지라도 그것이 인생에 있어서 모든 차이를 만들어 내는 것입니다.

두 번째 이야기는 **사랑과 상실**에 관한 것입니다.

저는 운 좋게도 어린 나이에 정말 하고 싶은 일을 발견했습니다.

워즈(Steve Wozniak, 스티브 워즈니악)와 제가 부모님 차고에서 애플사(Apple Inc.)를 시작한 것은 제가 스무 살 때 일입니다. 차고에서 우리 둘이 시작한 애플은 열심히 일한 덕분에 10년 후에 4,000명이 넘는 직원을 거느리는 20억 달러짜리 기업이 되었습니다.

바로 그 1년 전에 우리는 최고의 작품, 매킨토시를 출시했고 저는 막 30세가 되었습니다. 그리고 저는 해고당했습니다.

어떻게 자기가 만든 회사에서 해고당할 수 있을까요?

저는 30세에 퇴출당해야 했습니다. 아주 공개적으로 말이죠.

정말 쓰라린 아픔이었습니다.

몇 개월 동안 아무것도 할 수가 없었습니다.

저는 공개적인 실패자였고, 심지어 실리콘 밸리에서 영영 도망쳐 버릴까? 하는 생각까지 했었습니다.

하지만 저는 제가 여전히 제 일을 사랑한다는 사실을 깨달았습니다.

애플에서 겪었던 사건들도 그런 애정을 꺾지 못했습니다.

전 해고당했지만, 여전히 일에 대한 사랑은 식지 않았습니다.

그래서 전 새 출발 하기로 결심했습니다.

당시에는 몰랐지만, 애플에서 해고당한 것은 제 인생 최고의 사건이었습니다. 덕분에 제 인생 최고의 창의력을 발휘하게 만들어 주었으니까요.

그 후 5년 동안 저는 넥스트(NeXT)와 픽사(Pixar)라는 회사를 세우고, 제 아내가 되어준 여성, 로렌과 사랑에 빠졌습니다.

픽사는 세계 최초의 3D 애니메이션 작품 〈토이 스토리〉를 시작으로 지금은 세계에서 가장 성공적인 애니메이션 제작사가 되었고 저는 애플로 복귀했습니다. 그리고 로렌과 저는 행복한 가정을 꾸리고 있습니다.

만약 제가 애플에서 해고당하지 않았다면 아무것도 일어나지 않았을 것입니다.

쓴 약을 먹는 것은 괴로운 일이지만 환자에겐 필요한 법입니다.

그때의 저처럼, 때로는 인생에서 벽돌로 뒤통수를 얻어맞는 듯한 일이 생기더라도 결코 신념을 잃지 마십시오.

저를 계속 움직이게 했던 힘은, 제가 하는 일에 대한 애정이었습니다.

일은 여러분의 인생의 큰 부분을 채우게 될 것이고, 여러분이 위대하다고 믿는 그 일을 하는 것만이 진정한 만족을 얻게 될 것입니다. 그리고 여러분이 사랑하는 일을 하는 것만이 위대한 일을 성취할 수 있을 것입니다.

그 일을 아직 찾지 못했다면 계속 찾으십시오. 쉽게 안주하지 마십시오.
온 마음을 다해서 찾아내면 그때는 알게 될 것입니다.
그 모든 위대한 관계들이 그런 것처럼, 세월이 지나갈수록 더 좋아질 것입니다.
그러므로 계속 찾으십시오. 안주하지 마십시오.
세 번째는 **죽음**에 관한 것입니다.
17살 때 이런 경구를 읽었습니다.

"매일을 인생의 마지막 날처럼 산다면 언젠가는 꼭 성공할 것이다."

이 글은 감명을 주었고 저는 그 이후 33년간 매일 아침 거울을 보면서 저 자신에게 질문을 던졌습니다.
"오늘이 내 인생 마지막 날이라면 오늘 하려는 일을 하고 싶을 것인가?"
며칠 연속으로 "No!"라는 답을 얻을 때마다 저는 변화가 필요하다는 걸 알게 되었습니다.
'내가 곧 죽는다.'는 생각은 인생의 결단을 내릴 때마다 가장 중요한 도구였습니다. 죽음을 생각하는 것은 무엇을 잃을지도 모른다는 함정에서 벗어나는 최고의 방법입니다.

저는 1년 전쯤에 암 진단을 받았습니다.
아침 7시 반에 검사를 받았는데 췌장에 악성 종양이 뚜렷이 보였습니다.
그때까진 췌장이 뭔지도 몰랐습니다.
의사들은 그것이 거의 틀림없이 치료할 수 없는 종류의 암이라고 말해 주었습니다. 또 3개월에서 6개월 밖에 살 수 없다고 말했습니다.
주치의는 저에게 집으로 돌아가 신변 정리를 하라고 했습니다. 죽음을 준비하라는 의사의 간접적인 표현이었습니다.
그것은 내 아이들에게 10년 동안 해줄 말을 단 몇 달 안에 해내야 한다는 말이었고, 가족들이 임종을 받아들이기 쉬워지도록 매사를 정리하란 말이었고, 작별인사를 하란 말이었습니다.

다행스럽게도 수술로 치료가 가능한 매우 희귀한 종류의 췌장암이라서 저는 수술을 받았고, 지금은 멀쩡합니다.

그때만큼 제가 죽음에 가까이 직면해본 적은 없는 것 같습니다.

이런 경험을 해보니, 죽음이 때론 유용하다는 것을 머리로만 생각하고 있을 때보다 더 확실하게 말할 수 있습니다.

아무도 죽길 원하지 않습니다.

하지만 여전히 죽음은 우리 모두의 최종 목적지입니다.

아무도 피할 수 없죠.

왜냐하면, 삶이 만든 최고의 발명이 '죽음'이니까요.

죽음은 삶의 변화를 주도하는 존재입니다.

죽음은 새것에 길을 내주기 위해 헌것을 청소해 줍니다.

지금 당장은 여러분이 새것이지만 그리 멀지 않은 훗날 여러분도 헌것이 되고 사라질 것입니다.

엄연한 사실입니다.

여러분의 시간은 한정되어 있습니다.

따라서 다른 사람의 삶을 사느라 시간을 낭비하지 마십시오

타인의 견해라는 소음이 여러분 내면의 목소리를 덮어버리지 못하게 하세요.

가장 중요한 것은 여러분의 **마음과 직관을 따르는 용기를 가지라는 것**입니다.

여러분의 마음과 직관은, 여러분이 되고 싶어 하는 바를 이미 알고 있습니다. 그 외에 모든 것은 부차적인 것입니다.

제가 어렸을 때 『지구 백과』라는 놀라운 책이 있었는데 저희 세대에게는 필독서였습니다.

최종판 뒤쪽표지에는 이른 아침의 시골길을 찍은 사진이 있었는데, 그 사진 아래에는 이런 말이 있었습니다.

"Stay Hungry, Stay Foolish(항상 갈망하라, 우직하게 나아가라)."

저는 자신에게도 항상 그러기를 바랐습니다.

그리고 지금, 새로운 시작을 위해 졸업을 하는 여러분에게 같은 소망을 가집니다. **Stay Hungry, Stay Foolish (항상 갈망하고, 우직하게 나아가십시오).**

감사합니다.

스티브 잡스(Steve Jobs, 1955~2011년)

애플의 설립자인 스티브 잡스는 매킨토시 컴퓨터, MP3 플레이어인 아이팟 그리고 스마트폰의 대명사 아이폰 같은 테크놀로지의 혁신을 선도한 디지털 시대의 거인입니다.

그는 기술과 컴퓨터에 대한 새로운 시각을 제시하고, 필요하다는 것조차 인식하지 못하던 세상 사람들로 하여금 필요한 것을 향해 나가도록 이끌어간 기술혁신의 아이콘이었습니다. 괴짜 천재라고 불리기도 했습니다.

그가 매우 그립습니다.

_ 스티브 잡스의 연설 전문을 저자가 원본을 최대한 살려 각색하였음을 알려 드립니다.

제3장

죽음을 맞이할 것이냐?
죽음을 당할 것이냐?

모든 국민은 인간으로서의 존엄과 가치를 가지며 행복을 추구할 권리를 가진다.
국가는 개인이 가지는 불가침의 기본적 인권을 확인하고 이를 보장할 의무를 진다.
대한민국 헌법 제10조

1. 웰다잉법 시행 이전
존엄사 인정 사례
2009년 5월 김 할머니 사건

웰다잉에 대한 논란은 지금도 세계적으로 끊이지 않는 사안입니다. 우리나라의 경우 안락사는 허용되지 않지만, 존엄사는 인정된 사례가 있습니다. 바로 지난 2009년 5월에 있었던 '김 할머니 사건'입니다. 2008년 2월 18일 김 할머니는 폐암 여부를 확인하기 위해 연세대학교 세브란스 병원에 입원하게 됩니다. 그녀는 병원 입원 사흘 후, 폐 조직검사 중에 과다출혈로 인해 의식불명에 빠집니다.

가족들은 무의미한 연명치료를 중단하고 품위 있는 죽음을 요구하며 병원에 존엄사를 요구했지만 거부되었고, 마침내 소송으로 가게 됩니다. 결국, 2009년 5월 대법원에서 김 할머니의 인공호흡기 제거 판결을 내려 가족의 손을 들어주게 됩니다. 이것이 우리나라 최초의 존엄사 사례입니다.

법원이 생과 사의 갈림길에서 환자와 가족들이 품위 있는 죽음을 선택할 권리를 인정한 것입니다.

이 사건과 비교되는 사건으로 이른바 '보라매병원 사건'이 있습니다. 1997년 12월 4일, 보라매병원 응급실로 58세의 남자가 119구급차에 실려 왔습니다. 이에 의료진은 긴급하게 수술을 했지만, 여러 가지 합병증이 생기고 환자의 의식도 회복되지 않아 회복 가능성이 매우 낮았습니다. 다음 날 오후 환자의 부인이 경제적 이유로 더 이상 치료를 받게 할 수 없다며 퇴원을 요구했습니다. 처음에 환자를 응급실로 데려올 때는 부인이 아닌 다른 사람이 데려왔고, 긴급한 상황이라 부인의 동의 없이 수술이 진행된 상태였습니다.

담당 의사는 환자의 상황을 들어 퇴원을 말렸습니다. 그러나 부인은 동의도 없이 수술해 놓고 퇴원도 마음대로 못하게 한다면서 막무가내로 퇴원을 요구했습니다. 담당 의사는 현재 환자의 상황(퇴원 시 사망 가능성)을 환자 보호자에게 다시 한번 주지시킨 다음, 귀가서약서(환자 또는 환자 가족이 의료진의 의사에 반하여 퇴원할 경우 이후의 사태에 대해서는 환자 또는 가족이 책임지겠다는 내용)에 서명을 받고 퇴원을 허용했습니다.

당시 환자는 간이형 인공호흡기의 도움으로 스스로 호흡을 하고 있었으나 환자 가족의 요청으로 이를 제거한 후 얼마 되지 않아 사망했습니다.

이 사건에서 검찰은 환자의 부인을 살인 혐의로 구속하고, 담당 의사 3명을 살인죄의 공범으로 기소했습니다. 법원은 치료를 계속했더라면 환자가 살 수 있었다고 판단한 것입니다.

이 두 사건을 비교해 보면 결론은 다르지만, 취지는 동일합니다. 환자가 치료해도 살 가능성이 없는 경우, 품위 있는 죽음을 선택할 수 있습니다. 다만 이는 환자 본인의 의사가 반영되어야 하며, 정말 생존 가능성이 없는 것인지를 면밀히 검토 및 판단해야 합니다. 그러므로 존엄사가 일반적으로 인정되었다고 할 수는 없습니다.

존엄사를 인정하기 위해서는 아주 세밀한 기준을 마련하여, 이것이 남용되지 않도록 해야 하는 절체절명의 숙제가 남겨져 있습니다.

2. 행복전도사
고故 최윤희 님의 자살

지난 2010년 10월, 예순이 넘은 나이에도 머리를 초록색으로 염색하고 "행복 그거 얼마나?"고 얘기하던 행복전도사 최윤희 님이 자살했습니다. 이화여자대학교 국문과를 졸업하고 38살 늦깎이로 직장 생활을 시작한 그녀는 현대그룹 금강기획 부국장과 현대방송 홍보국장을 지낸 뒤, 카피라이터, 칼럼니스트로 활동하며 방송과 강연을 했고 『행복의 홈런을 날려라』, 『행복멘토 최윤희의 희망수업』 등의 저서도 26권이나 출간했습니다.

괜찮은 여자 롤모델(role model)이 많지 않은 우리나라에서, 그녀는 저의 롤모델중의 한 분이었습니다. 그런 그녀가 자살하다니…. 그 소식을 듣는 순간, 그녀를 좋아했던 만큼 그녀에게 심하게 배신당한 기분이 들었습니다.

하지만 최윤희 님의 유서 전문이 공개되고 그녀가 '700가지 통증'이라고 표현한, 엄청난 고통이 오는 루푸스(systemic lupus erythematosus)라는 병에 걸려 너무나 힘들어했다는 사실을 알게 되었습니다. 오죽했으면 그런 극단적인 선택을 했겠느냐는 측은한 마음이 들었습니다.

루푸스는 가장 심한 통증을 가져오는 자가면역질환이라고 합니다. 처음엔 피부발진, 탈모 증상이 나타나지만, 1~2년 안에 전신경련·손발 저림·구강 궤양·관절염 등의 전신 질환으로 번진다고 합니다. 그러다 또 몇 년이 지나면 콩팥·폐·심장 등 주요 장기로 퍼져 엄청난 통증을 일으킨다는군요. 류마티스 내과 전문의에 따르면 "그 질환이 장기를 침범한 상태에서는 사람이 상상할 수 있는 최고, 그 이상의 통증을 느낀다."고 합니다. 아마 최윤희 님이 그 상태였을 것으로 추측해 봅니다.

최윤희 님은 평소 '자살'을 거꾸로 읽으면 '살자'가 된다고 말씀하셨고, 자신이 자살하면 어떤 파장이 올지 뻔히 알았던 사람이었습니다. 그러나 이를 알면서도 자살을 선택할 수밖에 없었을 것입니다, 자세한 내막을 알고 나니, 원망보다는 안타까운 마음이 더 들었습니다. 물론 그렇다고 자살을 동조하는 것은 절대 아닙니다. 그래도 이왕이면 그동안의 이미지도 있는데, 좀 더 그녀답게, 멋있게 삶을 마무리했으면 좋았을 거라는 아쉽고 안타까운 생각이 듭니다.

아마 그때 법적으로 존엄사가 허용되었었더라면, 밝고 멋진 그녀는 평소 좋아하던 지인들과 가족들을 불러 모아 마지막 파티를 하면서 인사를 나누었을 것이며, 무엇보다도 건강한 남편은 두고 첨단 의료진의 도움을 받아 떳떳하게 이 아름다운 초록색 지구별을 떠났을 수도 있었을 것입니다.

많은 젊은이에게 꿈과 희망을 준 우리의 멘토였던 그녀가 고통에 못 이겨 모텔 방에서 그렇게 쫓기듯이 삶을 허무하게 마무리한 것 같아 아주 안타깝고, 한편으로는 그녀가 사무치게 그립습니다. 지금은 하늘나라에서 아무런 고통 없이 잘 계시겠지요. 늦게나마 그녀의 명복을 빕니다.

앞으로는 우리가 사랑했던 그리고 존경했던 사람들이 아름다운 생의 마무리를 할 수 있도록 사회적인 제도와 의료체계의 변화는 물론이거니와, 무엇보다도 우리들의 의식이 변해야겠습니다.

3. 암에 걸린 90살 할머니,
암 치료 대신 강아지와 여행을 떠나다

어느 날 갑자기 얼마 살지 못한다는 시한부 선고를 받는다면 어떤 기분일까요? 대부분의 사람은 아마 절망하거나 깊은 슬픔에 빠질지도 모릅니다. 아니면 죽기 전에 가장 하고 싶었던 일을 할지도 모르겠습니다.

실제로 암 치료를 거부하고 대신 사랑하는 강아지와 여행을 떠난 할머니가 있습니다.

미국에 사는 90대 노마 할머니는 암 진단을 받았습니다. 심각한 상태였기 때문에 암 진단은 시한부 선고나 마찬가지였습니다. 노마 할머니는 이미 90대의 연세였기 때문에 암 수술과 긴 시간을 필요한 항암치료를 하지 않기로 결심했습니다. 대신, 할머니는 남은 시간 동안 아들과 며느리 그리고 강아지인 애플과 함께 미국 국내를 여행하기로 했습니다.

그녀의 주치의는 노마 씨의 결정에 놀랐지만, 반대하지는 않았습니다.

노마 할머니, 아들, 며느리, 강아지 애플은 RV 차를 타고 여행을 떠났습니다. 노마 할머니와 애플은 여행 중에 수많은 풍경과 마주하게 되었고 깊은 감동을 받습니다. 그중에서도 특히 그랜드 캐니언(Grand Canyon)에 감동합니다.

"엄청나네요!" 그녀가 그랜드 캐니언을 처음 보았을 때의 반응입니다.

새로운 만남도 있었습니다. 친구도 생겼습니다.

새로운 것에 도전하기도 했습니다. 노마 할머니는 고글을 쓰고, 조수석에 애견 애플을 싣고 빨간 차로 시골길을 질주했습니다. 할머니는 여행길에서 때로는 일부러 시시한 일들을 시도해보기도 하면서 나이 90살이 되어도 인생을 즐길 수 있다는 것을 보여 주었습니다.

워싱턴(Washington)주를 여행하는 동안, 애플은 9세의 생일을 맞이했습니다.

여행하는 1년 동안 노마 할머니와 강아지의 거리는 점점 가까워졌습니다.

둘이 함께 지낼 수 있는 시간은 한정되어 있었지만, 모두 그런 것은 신경 쓰지 않고 매일 둘이서 여행하는 것을 진심으로 즐겼습니다.

안타깝게도 노마 할머니는 여행 도중에 컨디션이 나빠져 여행을 계속하기 힘들어졌습니다. 그래서 그들은 워싱턴주의 프라이데이 하버(Friday Harbor) 마을에 머물게 되었습니다. 그 섬에서도 할머니는 자신의 몸 상태가 좋을 때는 관광을 계속했습니다. 그리고 애견 애플과 함께 남은 시간을 만끽

했습니다.

자신답게 살고 생을 마감하기를 원했던 할머니는 9월 30일에, 강아지 애플의 옆에서 조용히 숨을 거두었습니다.

자신에게 남겨진 한정된 시간을, 혹독한 항암치료를 받으면서 병원에서 머물기보다는 사랑하는 강아지와 자유롭게 여행하는 것을 선택한 노마 할머니. 애견과 함께한 1년은 할머니 생의 마지막을 아름답게 마무리하게 했을 뿐만 아니라, 그 무엇으로도 대신하기 어려운 아주 의미 있고 소중한 시간이었을 겁니다.

노마 할머니의 이야기는 우리에게 주어진 삶을, 어떻게 살아야 할 것인지에 대해 다시 생각해보게 합니다.

알고 보면 우리는 모두 시한부 생명이니까요.

4. 죽기 위해
스위스로 떠나는 사람들

안락사에 대해 논하기 전에 먼저 개념 정리부터 할 필요가 있습니다.

안락사는 그리스어로 '아름다운 죽음'이라고 합니다. 법적으로 안락사는 3가지로 나뉩니다.

먼저 **적극적 안락사**는 불치의 병으로 극심한 고통을 받는 환자의 고통 제거를 위해 환자의 생명을 단절시키는 것입니다. 둘째, **간접적 안락사**란 고통 완화를 목적으로 처치(處置)를 한 결과, 의도하지는 않았으나 예상된 부작용으로 인해 환자가 사망하는 것을 의미합니다. 예를 들어 환자의 고통을 감소시키기 위해 모르핀(morphine)의 양을 계속 높여서 사용함으로써 결과적으로 환자가 사망하는 경우가 이에 해당합니다. 셋째, **소극적 안락사**란 죽음에 직면한 환자에 대한 치료를 중지하거나 생명유지 장치를 제거함으로써 환자가 사망하도록 내버려 두는 것을 말합니다.

적극적 안락사는 어떻게 보면 살인 행위로 평가될 수 있기 때문에 우리나라에선 불법입니다. 간접적 안락사도 적절한 치료 방법으로 진행한 것이라면 적합하게 따른 경우 처벌할 수 없습니다. 따라서 2018년 2월부터 우리에게 허용된 것은 **소극적 안락사**입니다.

지구상에서 적극적 안락사를 합법적으로 허용하고 있는 나라는 현재, 네덜란드(Netherlands), 벨기에(Belgium), 스웨덴(Sweden), 룩셈부르크(Luxembourg), 스위스(Switzerland), 콜롬비아(Colombia), 캐나다(Canada) 퀘벡(Quebec)주, 미국 오리건(Oregon)주, 워싱턴(Washington)주, 몬태나(Montana)주, 버몬트(Vermont)주, 캘리포니아(California) 5개 주입니다. 스위스를 제외한 나머지 나라들은 자국민에게만 안락사를 허용하기에, 안락사를 허용하지 않는 나라의 사람들은 스위스로 이른바 '안락사 원정'을 간다고 합니다.

스위스의 경우, 2001년엔 소극적 안락사가 허용되었고, 2002년엔 적극적 안락사마저 허용된 나라입니다. 이미 1942년부터 조력 자살이 합법화된 나라가 바로 스위스입니다. 세계 각국에서 스위스로 안락사 원정을 가는 사람들은 해마다 200명이 넘는다고 합니다.

1998년에 설립된 디그니타스 병원은 비영리기관으로 원장이 인권변호사이며 스위스의 안락사 병원 4개 중에 유일하게 외국인을 받습니다. 설립 이후 2014년까지 모두 1,905명이 이 병원의 지원을 받아 안락사했다고 합니다.

이들을 출신 국가별로 살펴보면 독일이 48.29%(920명)로 가장 많았고, 2위가 영국으로 14.33%(273명), 3위가 프랑스로 10.18%(194명), 스위스(156명), 이탈리아(79명), 미국(51명), 오스트리아(39명), 캐나다(36명), 이스라엘, 스페인(24명), 스웨덴(17명), 네덜란드(10명), 싱가포르(1명), 홍콩(1명) 순이었습니다.

같은 기간 디그니타스에 안락사 신청을 한 인원은 전 세계적으로 96개국 7,764명이었습니다, 독일이 3,223명으로 가장 많았고 영국인 1,139명, 프랑스인 730명, 스위스 684명 등. 이중 한국인은 18명으로 아시아에서 가장 많았습니다. 물론 신청한다고 모두 안락사가 가능하지는 않습니다. 몇 번의 상담도 거쳐야 하고, 그래도 마음이 변하지 않으면 진행을 하는데요, 시간도 오래 걸리고 비용도 많이 들어 중간에 안락사를 포기하고 그냥 삶을 선택하는 분들이 다행스럽게도 70%가 넘는다고 합니다. 우리나라는 적극적인 안락사를 불법으로 규정하고 있어 이 18명은 법적인 처벌 대상에 해당합니다.

스위스로 안락사 여행을 떠나는 분들은 고통이 심한 말기 암이나 신경계통 질병을 앓는 분들이 대부분이었지만, 질병이 없는데도 더 늙는 것이 싫다며 안락사를 택한 영국의 70대 여성도 있었습니다.

스위스에서는 매년 1,400여 건의 안락사가 시행되고 있습니다. 세계적인 여론은 인간은 자신의 삶을 선택·결정할 수 있고, 견딜 수 없는 통증과 고통으로부터 인간의 존엄을 지켜야 한다는 적극적 안락사 찬성의 목소리도 높아지고 있습니다. 그렇지만 죽음을 선택할 권리에 대한 언급조차 금기시하는 나라들도 많고, 자칫하면 취약계층의 노약자나 불치병 환자들에 대한 압박으로 작용할 수 있다고 반대의 여론도 만만치 않습니다.

2002년 적극적인 안락사를 세계에서 가장 먼저 합법화시킨 네덜란드는 전 국민의 4%가 안락사로 생을 마감합니다. 최근엔 말기 암 같은 질환뿐만 아니라, 나이가 많이 들어 의식과 활동이 쇠약해지고 정신적인 고독 같은 고통에 시달릴 경우에도 안락사를 허용하는 내용의 법안마저 통과될 전망이라고 합니다. 동성 간의 결혼도 지구상에서 가장 먼저 합법화된 나라였던 네덜란드는 정말 사고방식이 자유로운 나라 같습니다.

5. 일본에 존엄사를 유행시킨 히로히토 일왕日王의 죽음

아직 천황제가 남아있는 나라, 일본.

일본은 이미 지난 2006년에 65살 이상 인구가 전체 인구의 20%를 넘어 초고령 사회[3]로 접어들었습니다.

우리도 2025년에는 초고령 사회에 접어들기 때문에, 이미 10년 전 초고령 사회에 진입한 일본이 어떤 길을 걸어가는지를 잘 살펴보면, 일본이 겪었던 시행착오를 좀 줄이지 않을까 여겨집니다.

지난 1989년 '히로히토(裕仁) 일왕(日王)'이 세상을 떠났을 때, 일본 전국은 통곡(痛哭)의 세계였습니다. 왕궁 앞에서 우는 사람들의 대열(隊列)이 끝없이 이어졌습니다.

언제나 우리 정서로는 보기에 민망할 정도의 성인 쇼로 시청자의 눈을 사로잡던 일본의 모든 민간방송조차, 관련 프로그램 방영을 일절 중단하고 열흘 넘게 추도방송을 계속할 정도였습니다. 일본의 변화가 도쿄나 오사카 유

---

3) 초고령화 사회: 65세 이상 인구가 전체 인구의 20% 이상인 사회.
   고령 사회: 65세 이상 인구가 전체 인구의 14% 이상인 사회.
   고령화 사회: 65세 이상 인구가 전체 인구의 7% 이상인 사회.

홍가의 네온사인도 일제히 꺼졌습니다. 전제군주시대 등의 통제된 사회에서나 볼 수 있던 풍경이었습니다.

일본 국민들은 장례식이 끝난 한참 후에야 그가 '췌장암'으로 쓰러졌으며, 장기간 고통스러운 연명치료(延命治療)를 받아 왔다는 사실을 알았습니다. 마치 살아있는 신(神)처럼 여기며 하늘처럼 온 국민이 받들어 모셨던 그가 무의미한 연명치료를 계속해 왔다는 것을 일본 국민은 전혀 몰랐습니다. 이에 일본인들은 엄청난 충격을 받습니다.

히로히토 일왕은 수십 가지 의료 기구에 둘러싸인 채, 아무런 유언도 남기지 못하고 역사의 뒤안길로 사라졌습니다. 그의 무의미한 연명치료에 대한 반작용으로 존엄사를 선택하는 일본인이 급증했다고 합니다. "나는 저런 식의 죽음을 원치 않는다."는 것입니다. 그들은 적어도 인간의 품위를 지킬 수 있는 자연스러운 죽음을 희망했습니다. 그때가 일본의 존엄사 운동이 가장 활발했던 시기였습니다.

일왕의 죽음으로 인해 자극받은 일본 국민들은, 그때부터 서서히 죽음에 대한 사회적인 인식이 커지는 계기가 된 것 같습니다. 그래서인지 미국이나 유럽 국가들만큼은 아니지만, 일본도 죽음 교육을 교과과정에 넣으려고 하고 있고, 성인들의 **사전 유언**(리빙 윌, living will)[4] 작성이 조금씩 활성화되는 추세라고 합니다.

---

4) 리빙 윌(living will): 사전 유언. 생전 유언. 〈일본 존엄사협회〉에는 리빙 윌 수용 협력 의사 명단이 기재되어, 생전 유서에 적혀있는 환자의 뜻에 협력하고 존중함.

6. 인간은
존엄하게 죽을 권리가 있다
안락사와 존엄사의 차이

우리나라에서 존엄사의 첫 사례가 된 2009년 김 할머니 사건의 뒷이야기를 아십니까? 지난 2008년 2월, 76살의 김 할머니는 폐암 검진을 위해 병원에 입원한 후, 조직검사를 하기 위해 폐 조직을 떼어 냈습니다. 김 할머니는 연로한 나이 탓인지 과다출혈로 심정지가 오면서 의식불명 상태에 빠졌습니다. 가족들은 병원 측에 회복할 가망이 없는 식물인간 상태인 할머니의 인공호흡기를 떼 달라고 요구했지만, 병원 측은 현행법상 그럴 수 없다고 응답했습니다.

그러자 김 할머니 가족은 병원을 상대로 소송을 했고, 법원은 가족의 손을 들어 결국 인공호흡기를 떼어 냈습니다.

하지만 김 할머니는 인공호흡기를 떼어 내고도 자가 호흡으로 무려 200일을 더 살아, 인공 영양공급과 병실 사용으로 8,600만 원이라는 엄청난 병원비용을 가족에게 남기고 떠났습니다. 유족들은 인공호흡기를 떼고 연명치료를 중단하라는 판결이 난 뒤에 발생한 진료비는, 환자 가족들이 낼 의무가 없다고 진료비 납부를 거부했습니다.

그러자 이번에는 반대로 병원에서 유족들을 상대로 미납진료비 청구 소송을 냈습니다. 지난 2016년 법원은 병원 측 손을 들어주었습니다. 결국, 유족들은 8,600만 원의 진료비를 몽땅 다 납부해야 했습니다.

이때 만약 존엄사가 아니라, 안락사가 허용됐다면 다른 치료도 일절 시행되지 않았을 것입니다. 이렇게 존엄사와 안락사는 차이가 있습니다. 안락사는 의사가 의도적으로 환자를 죽음에 이르게 하는 행위이고, 존엄사는 소극적인 안락사와 같은 의미로 사용됩니다.

이렇게 존엄사는 2018년 2월부터 허용되지만, 현재 행해지는 치료가 환자의 회복에는 도움 되지 않고 사망의 시간만 연장할 가능성이 높고, 사망을 연장해야 할 특별한 이유가 없다면 그 치료는 중지되거나 유보되어야 한다는 여론도 높아 여전히 논란이 뜨겁습니다.

7. 죽음(임종)의 질이 높아야
삶의 질도 높아진다

지난 2010년 영국 〈이코노미스트(the economist)〉 지가 OECD 40개국을 대상으로 실시한 '죽음의 질' 평가에서 우리나라는 32위였습니다. 그만큼 우리나라는 죽음의 질이 매우 낮은 편입니다.

최근 보험개발원 발표에 의하면, 우리나라 사람들은 자신이 평생 쓸 의료비의 절반을 죽기 전 1년 사이에 쓰고, 그것의 절반 이상을 죽기 전 석 달 안에 쓰고 간다고 합니다. 통계적으로 보면, 대부분의 사람이 치료에 매달리다가 죽어가는 셈입니다. 그러나 삶의 질이 높은 나라의 경우, 임종 전의 시간을 무의미한 치료보다는 집이나 호스피스 병원에서 스스로 주변을 정리하면서 더 의미 있게 보낸다고 합니다.

죽음의 질은 임종 장소와 밀접한 관계가 있습니다.
우리나라는 지난 1977년 의료보험제도를 도입한 이래, 1989년 전 국민에게 건강보험이 적용되면서 사망 직전까지 환자를 치료하는 데 중점을 두어 전 국민의 74.9%가 병원에서 사망하고 고작 15.3%만이 집에서 임종을 맞이합니다.

회생가능성이 없는 환자임에도 불구하고, 임종 전 2~3개월을 가족들과 삶을 마무리하는 데 사용하지 못하고 병원에서 의미 없는 연명치료만 하다가 가는 것입니다.

건강보험공단 조사에 의하면 우리나라 국민의 16.3%만 병원에서 임종을 원하고 가정에서의 임종을 원하는 국민이 57.2%, 호스피스 시설에서의 임종을 원하는 국민이 19.5%로, 대부분 가정이나 호스피스 시설에서 삶을 마무리하기를 원한다고 합니다.

통계청 발표에 따르면, 2016년 우리나라에서는 약 28만 명이 사망했습니다. 그중 사고나 급성질환으로 갑자기 세상을 떠나는 경우를 제외하면, 20여 만 명이 대부분 만성질환으로 투병하다가 임종을 맞이합니다.

객사를 제외하면 임종은 크게 두 가지로 나누어 볼 수 있습니다, 하나는 병원 임종(2010년 86.6%)이고, 또 하나는 집이나 호스피스 시설에서 맞는 임종입니다. 만약에 우리에게 어떤 임종을 원하느냐고 묻는다면, 대부분 편안한 집이나 안락한 호스피스 시설에서 삶의 마지막을 보내고 싶어 할 것입니다.

의식이 없는 혼수상태에서 치료만으로 생명을 연장시키느냐? 짧더라도 의식이 있는 상태에서 자신의 삶을 정리하느냐? 는 이제는 우리 스스로의 선택에 달린 것입니다. 솔직히 당사자가 아니고서는 자신이 맞는 생의 마지막 순간에 어느 선택이 더 나은 선택이라고 주장할 수는 없을 것 같습니다.

아주 옛날에는 천둥과 번개를 하늘의 노여움으로 알고 두려움과 불안에 떨었지만, 과학과 기술이 발달한 요즘은 옛날처럼 근거 없는 두려움에 떠는 사람은 거의 없습니다. 마찬가지로 죽음도 예전처럼 필요 이상으로 터부시하고 막연히 두려워만 할 게 아니라, 죽음과 죽음에 이르는 과정들을 될 수 있으면 자세히 연구하고 이해해서 어느 정도 대비하고 나면, 오히려 우리 삶과 죽음의 질이 좀 더 나아지지 않을까요?

교통사고나 급작스러운 죽음이 아닌 이상 대부분의 사람이 질병으로 생을 마감합니다, 이제 중환자실에서 온몸이 꽁꽁 묶여서 치료만 받다가 죽을 것인지, 진통제를 맞아가며 고통 없이 자신이 원하는 장소에서 자신의 가족과 친구들과 이별 인사를 할 것인지는 이제 우리들 스스로의 몫으로 남았습니다.

귀천歸天

천상병

나 하늘로 돌아가리라.
새벽빛 와 닿으면 스러지는
이슬 더불어 손에 손을 잡고,

나 하늘로 돌아가리라.
노을빛 함께 단둘이서
기슭에서 놀다가 구름 손짓하면은,

나 하늘로 돌아가리라.
아름다운 이 세상 소풍 끝내는 날,
가서, 아름다웠더라고 말하리라…….

시인 천상병(千祥炳, 1930~1993년)
1930년 일본에서 태어나 1945년 해방과 더불어 고국으로 돌아와 마산중학교를 다니던 중, 국어교사인 시인 김춘수의 주선과 청마 유치환의 추천으로 〈문예〉에 '강물'로 문단에 데뷔.
1950년 전란 초기 미국통역관으로 6개월 근무.
서울대 상대 수료, 김현욱 부산시장 공보비서 2년 근무.
1967년 동백림사건으로 간첩으로 연루돼 6개월간의 감옥 생활과 3번의 전기고문으로 시인의 몸과 마음을 황폐해져 그 후로 정상적인 생활을 하지 못함.
1971년 행려병자로 오인되어 서울 시립 정신병원에 입원. 유고시집 [새] 발간. 살아있으면서 첫 시집을 '유고시집'으로 낸 유일무이한 시인이 됨.
천진무구함과 무욕으로 무장한 시인.

제4장

누군가의 끝이 아니라,
누군가의 시작

- 아름다운 실천, 장기기증

1. 최근 장기기증 관련 추세

프랑스(France)에서는 2017년부터 아주 파격적인 법이 시행됐습니다. 사람이 죽을 때 "장기 기증을 하지 않겠다."고 명시적으로 거부하지 않는 한, 모든 사망자를 장기 기증자로 간주한다는 법입니다.

우리나라나 미국에서는 그 사람이 살아있을 때 "장기를 기증하겠다."고 서약해야만 장기기증이 성립됩니다. 이번에 프랑스에서 시행된 법은 그 반대로 "죽은 후 장기 기증을 거부한다."고 **생전에 그 의사를 확실히 밝히지 않는 한, 유가족의 반대가 있을지라도 장기 기증·적출에 동의한 것으로 판정**한다는 것입니다. 정말 획기적인 법입니다.

우리나라의 경우, 장기기증은 철저하게 개인의 자유 의지에 맡깁니다. 장기 기증희망 등록을 할 때는 사랑의 장기기증운동본부든 어느 곳에서 하든지 관계없습니다. 어느 곳에서 하던 희망등록을 하게 되면 질병관리본부 장기 이식관리센터에서 통합적으로 관리하게 되어 있습니다.

따라서 장기기증희망등록을 원하시면 본인에게 편리한 곳으로 하면 됩니다. 가장 확실하고 빠른 방법은 **질병관리본부 장기이식관리센터(www.**

konos.go.kr) 홈페이지에서 본인 명의 휴대폰이나 공인인증서로 본인 확인을 받는 방법입니다. 쉽게 등록할 수 있으며 약 2주 후에 [그림 4-1], [그림 4-2]와 같은 카드를 받게 됩니다.

그림 4-1 장기기증희망등록 신청자 대상 발급 카드(앞면)

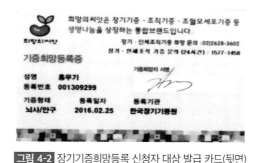

그림 4-2 장기기증희망등록 신청자 대상 발급 카드(뒷면)

출처: 한국장기조직기증원(www.koda1458.kr)

2. 장기기증의 종류

인체조직기증이란?

인체조직은 각막, 피부, 뼈, 인대, 혈관, 신경 등을 말합니다. 사후 기증된 인체조직은 조직에 손상을 입어 기능적 장애가 있는 환자의 조직을 제거하고, 각종 질환으로 고통받는 환자의 생존과 치료를 목적으로 이식됩니다.

표 4-1 인체조직기증

구분	뇌사 시 장기기증	인체조직기증
종류	신장, 간장, 췌장, 췌도, 소장, 심장, 폐, 안구 등	피부, 뼈, 인대 및 건, 혈관, 연골, 심장판막, 양막, 근막, 신경, 심낭
기증시기	뇌사 시	사망 후 24시간 이내
이식시기	즉각적으로 이식	가공 및 보관 거쳐 이식 (최장 5년 보관)
이식시기	한 사람의 기증으로 최대 9명이 수혜 가능	한 사람의 기증으로 최대 백여명이 수혜 가능

뇌사와 식물인간의 차이

항목	식물인간 상태	뇌사상태
손상부위	대뇌의 일부	뇌간을 포함한 뇌 전체
기능장애	기억, 사고 등 대뇌장애	심박동 외 모든 기능 정지
운동능력	목적없는 약간의 움직임 가능	움직임 전혀 없음
호흡	자발적 호흡가능	자발적 호흡 불가능
경과내용	수개월~수년 생존, 사망 혹은 회복	어떤 적극적 치료에도 사망
기증여부	장기기증 불가능	장기기증 가능

표 4-2 사후기증

사후기증	
각막기증	- 사망한 이후에 각막(안구) 기증한 경우 - 각막의 혼탁, 손상, 질병 등으로 인한 시각장애인들에게 기증 ※ 안구는 사망 후 6시간 이내에 적출되어야 이식 가능
시신기증	- 의과대학 교육 및 연구용으로 기증 - 시체 해부 및 보존에 관한 법률에 근거 - 장기나 조직기증 후 시신기증은 불가능함 - 18세 이상 가능 - 사망 후 2~3년 안에 화장 후 분골을 가족에게 인도 또는 납골당 이용 - 각 의과대학마다 절차나 준비 서류 등이 상이할 수 있음

2018년 1월 현재 우리나라 장기기증 현황

장기 등·조직
기증희망 등록자
2,053,827 명

전체
인구
51,269,554

장기이식대기자 33,622명

뇌사기증자 4,562명

사후기증자 1,765명

그림 4-3 2018년 1월 현재 우리나라 장기기증 현황

출처: 한국장기조직기증원(www.koda1458.kr)

3. 우리나라의 사후 장기 기증시스템은
개선되어야 한다

한 가지 꼭 알아 두어야 할 점이 있습니다. 살아있을 때 장기이식을 하는 경우입니다.

장기를 이식받은 사람은 고장 난 부분을 교체하니까 좋아질 가능성이 높지만, 반대로 기증한 사람은 멀쩡하던 장기에 손대는 것이므로 기증자는 기증 후에 더 각별히 자신의 건강관리에 신경 써야 합니다.

만약 장기기증으로 인해 보험가입이 거부되거나 퇴사 압력을 받은 경우, 보건복지부에서 운영하는 '**장기기증자 차별신고센터**'에 민원을 넣으시기 바랍니다.

얼마 전, 한 병원에서 사후 장기기증을 한 아들의 시신을 직접 수습하면서 장기기증을 후회했다는 한 남성의 인터뷰가 방송으로 보도됐습니다. 그 후 사후 장기기증 의사를 밝혔던 분들의 취소 사태가 적지 않게 일어났습니다, 안타까운 일입니다.

그 이유는 바로 여기에 있습니다, 국내에서 장기이식을 시행하는 병원 중 일부는 장기기증 및 구득(求得) 절차를 병원에서 자체적으로 진행합니다. 나머지 병원은 한국장기조직기증원과 '뇌사자관리업무협약'을 맺고, 뇌사자가 생겼을 때 그 병원에서 바로 장기기증이 가능하도록 한국장기조직기증원에서 해당 병원으로 전문 인력 및 시스템을 제공하게 됩니다. 장제를 돕고, 사망신고 등 행정 처리 시 동행하는 서비스도 제공하고, 1년간 심리 상담을 해주며, 유가족 모임 및 추모 행사 등도 엽니다.

이번 사건이 일어난 병원은 한국장기조직기증원과 협약을 맺지 않아서, 기증원의 서비스가 제공되지 않았던 것 같습니다. 그런데 업무협약이 되어있지 않았더라도, 도의적으로 병원 자체에서 기본적인 처리는 해줘야 했지 않을까 싶습니다.

고귀한 생명나눔운동이 일부 병원 때문에 얼룩지지 않았으면 좋겠습니다.

4. 한국장기기증조직원
협약병원 리스트

2017년 10월 기준

　최근 국내 장기기식 병원 77개 중에서 한국장기기증원과 협약이 된 병원은 48개이며 아직 29개 병원이 미협약으로 밝혀졌습니다.

　한국장기기증원과 협약이 되지 않은 병원에서 장기이식을 해 줄 경우, 개인 비용으로 처리해야 하는 부분이 있습니다, 이는 무척이나 불합리하게 보입니다. 가족의 안타까운 죽음에 대해 슬픔을 딛고 숭고한 마음으로 장기이식을 해줬는데, 협약이 되어 있지 않다고 '나 몰라라' 하는 건, 병원의 기본적인 마인드가 부족한 것으로 보입니다.

　이른 시일 안에 제도적으로 보완해서 장기이식 후 남은 가족들의 마음을 따뜻하게 배려해 줬으면 좋겠습니다.

표 4-3 한국장기기증조직원 협약병원 리스트

뇌사장기기증자 관리 업무 협약기관			
권역	번호	관리 업무 협약기관(뇌사판정의료기관)	지역
중부권역 (28)	1	가톨릭관동대학교국제성모병원	인천
	2	가톨릭대학교 인천성모병원	인천
	3	강북삼성병원	서울
	4	강릉아산병원	강릉
	5	강원대학교병원	춘천
	6	고려대학교안산병원	안산
	7	국립중앙의료원	서울
	8	국민건강보험공단 일산병원	일산
	9	동국대학교일산병원	일산
	10	상계백병원	서울
	11	서울대병원 (HOPO)	서울
	12	서울의료원	서울
	13	순천향대학교서울병원	서울
	14	안양샘병원	안양
	15	원주세브란스기독병원	원주
	16	이화여자대학교의과대학부속목동병원	서울
	17	인하대학교병원	인천
	18	제주대학교병원	제주
	19	제주한라병원	제주
	20	중앙대학교병원	서울
	21	중앙보훈병원	서울
	22	한림대학교춘천성심병원	춘천

	23	한림대학교동탄성심병원	춘천
중부권역 (28)	24	명지병원 (HOPO)	고양
	25	고대구로병원 (HOPO)	서울
	26	한림대학교평촌성심병원 (HOPO)	안양
	27	강동성심병원	서울
	28	한양대구리병원	구리
충청/호남권역 (9)	1	가톨릭대학교대전성모병원	대전
	2	단국대학교병원	천안
	3	목포한국병원	목포
	4	순천성가롤로병원	순천
	5	순천향대학교천안병원	천안
	6	을지대학교병원	대전
	7	전주예수병원	전주
	8	충남대학교병원	대전
	9	충북대학교병원	청주
영남권역 (11)	1	경상대학교병원	진주
	2	계명대학교 동산병원 (HOPO)	대구
	3	고산대학교복음병원	부산
	4	김원묵기념봉생병원	부산
	5	동국대학교경주병원	경주
	6	메리놀병원	부산
	7	삼성창원병원	창원
	8	안동병원	안동
	9	창원파티마병원	창원
	10	포항성모병원	포항
	11	창원 경상대병원	창원

출처: 한국장기조직기증원(www.koda1458.kr)

표 4-4 장기등 및 조직 기증희망자 등록신청서 서식

■ 장기등 이식에 관한 법률 시행규칙 [별지 제6호서식] <개정 2015.1.29.>

장기등 및 조직 기증희망자 등록신청서

※ [ ]에는 해당되는 곳에 √표를 합니다.
※ 바탕색이 어두운 란은 신청인이 작성하지 않습니다.

접수번호		접수일자		처리기간 즉시

신청인	성명		주민등록번호	
	전화번호		전자우편주소	
	주소			
	정보수신 여부	[ ]전자우편　　　　[ ]이동전화 문자메시지　　　　[ ]우편물			

신청내용	기증 형태 (중복 선택 가능)	[ ] 장기등(신장, 간장, 췌장, 췌도, 심장, 폐, 소장, 안구 등) 기증	
		[ ] 조직(뼈, 연골, 근막, 피부, 양막, 인대, 건, 심장판막, 혈관 등) 기증	
		[ ] 안구(각막) 기증	
	기증희망자 표시 여부	운전면허증에 기증희망자라는 사실을 표시하기를 원하십니까? [ ]예　　　　　　[ ]아니오 ※ 운전면허증 신규발급, 갱신, 재발급 시 표시할 수 있습니다.	
	법정대리인의 동의 (미성년자의 경우)	성명	주민등록번호
		관계	서명

「장기등 이식에 관한 법률」 제15조제1항 및 같은 법 시행규칙 제7조와 「인체조직안전 및 관리 등에 관한 법률」 제7조의2제1항 및 같은 법 시행규칙 제3조제2항에 따라 위와 같이 신청합니다.

년　　　월　　　일

신청인

(서명 또는 인)

과 천 시 장　　　귀하

첨부서류	1. 신청인이 미성년자인 경우: 기증에 동의하는 사람이 법정대리인임을 확인할 수 있는 서류 2. 신청인이 「정신보건법」 제3조제1호에 따른 정신질환자나 「장애인복지법 시행령」 별표 1 제6호에 따른 지적장애인인 경우: 정신건강의학과 전문의가 기증하는 본인이 동의 능력을 갖추었다고 인정하는 소견서 **※ 신청인 본인의 서명이 없는 경우에는 등록이 되지 않습니다.**	수수료 없음

210mm×297mm[일반용지 60g/㎡(재활용품)]

「장기등 및 조직 기증희망자 등록신청서」 작성 안내

2015년 1월 29일부터 「인체조직안전 및 관리 등에 관한 법률」이 확대 시행됨에 따라 기증희망자로 등록하고자 하시는 분은 시행중인 장기기증 뿐만 아니라 조직도 동법 시행규칙 제3조 별지 2호의 통합서식인 「장기등 및 조직 기증희망자 등록신청서」를 작성하여야 함을 알려드립니다.

■ 등록신청서 작성 요령
○ 접수번호, 접수일자 등은 장기이식등록기관 또는 조직기증자등록기관에서 기입하고 신청자는 '신청인'란, '신청내용'란을 작성하여 서명날인 후 제출
- (신청인란) 성명, 주민등록번호, 주소를 필수적으로 기재하고, 전화번호, 전자우편주소(이메일)는 정보수신여부(전자우편, 이동전화 문자메시지)에 따라 선택
- (신청내용란) 기증형태별(장기·조직 등 중복선택 가능)로 작성하고 운전면허증 표시희망 여부 선택

➡ 희망등록이 완료되면
　① 신청서에 기재한 전화번호(핸드폰)로 '등록완료' 안내문자 전송
　② 기증희망등록증과 신분증용 및 차량용 스티커 등을 일반우편으로 발송
　③ 운전면허증 표시 희망시, 운전면허증 신규발급 및 재발급 시 운전면허증 사진하단에 기증희망자 표시

■ 장기등 및 조직기증 희망등록 항목의 개인정보 수집·이용 근거
○ 신청자의 성명, 주민등록번호, 주소(미성년자의 경우 법정대리인의 성명·주민등록번호) 등 필수항목은 장기등 이식에 관한 법률 제15조 및 시행령 제29조의2와 인체조직안전 및 관리 등에 관한 법률 제7조의2 및 시행령 제16조에 의하여 기증희망자의 식별, 기증희망등록증 발급 및 운전면허증 표기에만 이용

■ 기타 참고사항
○ 신청인은 반드시 자필 서명 후 제출
○ 장기기증희망등록이란 본인이 장래에 뇌사 또는 사망할 때 장기등을 기증하겠다는 의사표시로서, 실제 기증시점이 되었을 때는 가족 중 선순위자 1인의 동의가 반드시 필요

☎ 02)2628-3602	질병관리본부 장기이식관리센터 홈페이지(www.konos.go.kr)

표 4-5 가까운 장기이식등록기관 찾기

장기이식등록기관명	홈페이지	연락처
(재)한마음한몸 운동본부	www.obos.or.kr	02 - 727 - 2263
(사)생명나눔 실천본부	www.lisa.or.kr	02 - 734 - 8050
(재)사랑의 장기기증운동본부	www.donor.or.kr	1588 - 1589
사회복지법인 로사리오 카리타스	www.rscaritas.com	051 - 516 - 0815
(사)새생명 광명회		055 - 758 - 6611
(사)생명을 나누는 사람들	www.kals.or.kr	1588 - 0692
(사)생명잇기	www.vitallink.or.kr	02 - 765 - 0199
(사)안구기증운동협회	www.eye.or.kr	02 - 708 - 4454
온누리 안은행	www.eyebank.or.kr	063 - 255 - 1400
(재)원불교 은혜심기 운동본부	www.won.or.kr	063 - 850 - 3151
(사)장기기증재단		062 - 531 - 1199
(사)한국신장장애인협회	www.koreakidney.or.kr	02 - 742 - 0875
(재)한국실명예방재단	www.kfpb.org	02 - 718 - 1102
한국장기 기증원	www.koda1458.kr	1577 - 1458

표 4-6 기증자 지원제도

「장기 등 이식에 관한 법률」 제32조 및 같은 법 시행규칙 제26조 규정에 의거,
정부는 예산 범위 내에서 다음과 같은 기증자 지원제도를 시행하고 있습니다.

■ 뇌사자 장기기증자 및 인체조직기증자 지원금 지원: 뇌사자 장기기증자 및 인체조직
　기증자 유족에게 장제비 등 지원금 지급(장례지원 서비스 혹은 기증자의 순수·무상 기증 취
　지를 살려 사회단체의 기부 선택 가능)

■ 살아있는 사람 간 순수 장기기증자 검진 진료비 지급: 이식대상자를 지정하지 않고
　간장, 신장 등 장기를 이식한 경우, 이식 후 1년 동안 정기검진 진료비 지원 사전검진
　후 본인의 의사가 아닌 사유로 기증이 이루어지지 않은 경우, 사전검진 진료비 지급

■ 유급휴가 보상금 지급: 근로자인 장기 기증자(골수 포함)의 장기 등 기증을 위한 신체
　검사, 또는 적출 등에 소요된 입원 기간에 대해 유급휴가로 처리한 경우, 그 근로자
　의 사용자에게 유급휴가 보상금 지급

※ 종전 이식 대상자를 지정하지 않은 순수 기증자에게만 유급휴가를 인정하였으나,
　법률개정으로 '14.01.31부터 가족 및 타인지정 기증하는 경우까지 확대됨.

살아있는 자체가 축복입니다

엘리자베스 퀴블러 로스

마지막으로 바다를 본 것이 언제였습니까?
아침의 냄새를 맡아 본 것은 언제였습니까?
아기의 머리를 만져 본 것은?
정말로 음식을 맛보고 즐긴 것은?
맨발로 풀밭을 걸어본 것은?
파란 하늘을 본 것은 또 언제였습니까?
이것들은 다시 얻지 못할지도 모르는 경험들입니다.
우리 모두 그것을 알고 있습니다.

죽음을 앞둔 사람들이 한 번만 더 별을 보고 싶다고,
한 번만 더 바다를 보고 싶다고,
말하는 것을 들으면 언제나 정신이 번쩍 듭니다.
많은 사람들이 바다 가까이 살고 있지만, 바다를 볼 시간이 없습니다.

우리 모두 별 아래 살고 있지만, 가끔이라도 하늘을 올려다보시나요?
삶을 진정으로 만지고 맛보고 있나요?
평범한 것 속에서 특별한 것을 보고 느끼나요?

아이가 태어날 때마다
신은 세상을 존속시키기로 결정한다고 합니다.
마찬가지고 매일 눈뜨는 아침,
당신은 살아갈 수 있는 또 다른 하루를 선물 받은 것입니다.

당신은 언제 마지막으로 그 하루를 열정적으로 살았나요?

이번 생과 같은 생을 또 얻지는 못합니다.

당신은 야생에서처럼 이런 방식으로 이런 환경에서

이런 부모, 아이들, 가족과 또다시 세상을 경험하지 못할 것입니다.

삶의 마지막 순간에 바다와 하늘과 별,

또한 사랑하는 사람들을

마지막으로 한 번만 더 볼 수 있게 해 달라고 기도하지 마십시오.

지금 당장 사랑하는 사람들을 보러 가십시오.

엘리자베스 퀴블러 로스(Elizabeth Kubler Ross, 1926~2004년)

스위스 출생. 인간의 죽음에 대한 연구에 일생을 바침. 미국 시사주간지 〈타임〉이 선정한 '20세기 가장 위대한 100대 사상가' 중의 한 명. 세쌍둥이 중 첫째로 태어난 그녀는, 자신과 똑같이 생긴 두 자매를 보며 일찍부터 자신의 정체성에 대해 고민했다. 제2차 세계대전이 끝나고 19살의 나이에 폴란드 유대인 수용소에서 자원봉사하던 중, 수용소 벽에 그려진 환생을 상징하는 나비들을 보고 삶과 죽음의 의미에 새롭게 눈을 뜨게 되었다. 취리히 대학에서 정신의학을 공부한 후, 미국 의사와 결혼해 뉴욕으로 이주. 병원에서 죽음을 앞둔 환자들의 정신과 진료와 상담을 맡는데, 의료진들이 환자의 상태에만 관심을 가질 뿐 그들을 한 명의 인간으로 대하지 않아 충격을 받음. 그래서 그녀는 의료진들에게 죽음을 앞둔 환자들의 마음속 이야기를 들어주는 세미나를 열고, 세계 최초로 호스피스 운동을 함. 죽어가는 이들과의 수많은 대화를 통해 '어떻게 죽느냐?'는 문제가 삶을 의미 있게 완성하는 중요한 과제임을 깨달음.

"나는 죽음의 여의사가 아닙니다. 내 연구의 가장 중요한 본질은 삶의 의미를 밝히는 일입니다."

_ 주요 저서: 『인생수업』, 『죽음과 죽어감』, 『생의 수레바퀴』

제5장

세계 각국의 장례문화

사람이 죽으면, 죽은 시신을 처리하는 방식은 전통과 문화에 따라 아주 다양합니다. 지구상에서 가장 오래되고 전통적인 방식은 '매장'으로, 땅에 시신을 묻어서 썩히는 방법입니다. 땅에 묻는 매장 다음으로 선호되는 시신 처리 방법은 불에 태우는 '화장', 물에 넣어서 물고기에게 먹이는 '수장', 화장한 재를 나무뿌리에 묻어주는 '수목장' 등으로 다양합니다.

얼마 전 외신에서는 시신을 화장하고 남은 재를 이용해 인공 다이아몬드 반지를 만들어 끼기도 하고, 최근에는 우주로 유해를 실은 로켓을 쏘아 올려 장사지내는 우주장까지 등장했습니다.

2017년 미국의 업체 엘리시움 스페이스는 민간 우주개발 업체 스페이스X(SpaceX)와 파트너십을 맺고 유해를 우주로 보내는 서비스를 시작할 것이라고 밝혔습니다. 엘리시움은 이 우주 장례를 희망하는 예약자가 이미 100여 명이나 확정되었다고 했습니다.

'메모리얼 스페이스플라이트(Memorial Spaceflight)'라고 이름 붙여진 이 장례 서비스는 광대하고 머나먼 우주로 유해를 보내는 장례 서비스입니다.

로켓은 발사 후 2년 동안 태양 동기 궤도를 돌며 지구 곳곳을 지나게 되며 지구에 남겨진 가족들은 스마트폰을 통해 우주선의 현재 위치를 확인할 수 있습니다. 그리고 2년 후 지구 대기권에 진입하게 되면, 유해는 전소(全燒)되면서 별똥별이 되어 떨어지게 됩니다.

사실, 미국의 민간 우주 기업인 스페이스X는 2017년 5월에 이미 첫 민간 상업 로켓 펠켄 9호에 308명의 유골이 담긴 캡슐을 담아 발사했습니다. 광대한 우주에 뿌려지는 유골 캡슐은 최소한 1년에서 최대 240년 동안 지구 주위를 시속 27,000㎞로 떠돌다가 유성처럼 불타면서 지상으로 추락합니다.

유골 캡슐로 우주를 떠도는 308명 중에는, 영화배우 제임스 두헌(James Doohan), 우주비행사 고든 쿠퍼(Gordon Cooper), NASA(미 항공우주국) 엔지니어 슈레이크도 있습니다.

한편, 시신의 탄소로 연필심을 만들어 죽은 사람의 초상화를 그려서 영원히 함께하거나, 공업용 다이아몬드로 만들어 간직하는 분들도 있다고 합니다.

이렇듯 사람들의 죽음에 대한 사고방식, 문화, 사는 환경, 시대에 따라 장례 방식은 다양하게 달라지기 마련입니다. 나라마다 어떤 다양한 장례 방법들이 존재하는지 살펴보도록 하겠습니다.

1. 티베트 지역의 조장鳥葬, 천장天葬

조장(鳥葬)은 제가 지금까지 살면서 본 가장 큰 충격을 받은 시신처리방식입니다. 조장(鳥葬)은 티베트(Tibet) 지역의 전통적인 장례방식으로 천장(天葬)이라고도 부릅니다. 티베트 사람들은 윤회 사상을 깊이 믿기 때문에 죽은 후, 자신의 시신을 신성한 독수리가 먹어 치우면 바로 승천하거나 부귀한 집안에서 다시 태어난다고 생각한답니다. 그래서 티베트 각 지역에서는 천장(天葬)이 장례방식으로 이용됩니다.

티베트에서는 사람이 사망하면, 그의 가족들이 고인의 옷을 모두 벗기고 끈으로 묶어 시체를 앉아 있는 자세로 만든 후, 흰색 천으로 온몸을 감싸고 마대로 포장해 3일 동안 집에 모셔 놓습니다. 매일 승려인 라마를 모셔와 불경과 죽음의 여정을 인도하는 지침서인 『티베트 사자의 서』[5]를 낭독하고, 4일째 새벽에 돕덴이라고 불리는 천장사(天葬師)가 와서 천장장까지 시신을 운반합니다. 천장사는 동이 트면 시신을 토막 내서 천국의 대리인이라고 믿는 독수리에게 먹입니다. 아이러니하게도 천장사는 티베트에서 하층민에 속하

---

5) 『티베트 사자의 서』: 죽음의 과정을 상세하게 묘사하고 망자를 해탈로 인도하는 티베트의 경전. 티베트 최고의 성인 파드마삼바바(蓮華生) 지음.

기 때문에, 남들은 천장을 시켜주지만 정작 본인은 죽어도 천장을 하지 못하고 수장(水葬)을 한다고 합니다.

 티베트 사람들은 그렇게 함으로써 죽은 사람이 하늘나라로 돌아간다고 생각합니다. 그래서 독수리들이 시신을 깨끗하게 먹을수록 망자가 좋은 곳으로 갔다고 믿습니다. 새에게 먹여서 하늘을 날게 해주는 천장은, 하늘나라를 믿는 사상의 표현이라고 볼 수 있습니다.

 오래전, 티베트 여행을 즐기는 어느 프로 골퍼의 사진과 글을 통해서 티베트의 조장(鳥葬)을 본 적이 있습니다. 간접적으로 봤는데도 그 충격이 아주 오래갔습니다. 매장(埋葬)을 전통적인 장례방식으로 하는 우리에게는 상상도 할수 없을 정도로 잔인하게 보이는 장례 풍습이지만, 티베트는 기후 자체가 건조해서 땅에 매장해도 시신이 썩지 않아 나온 고육지책으로 생각됩니다. 말하자면 티베트의 자연환경이 그런 장례 풍습을 만든 거겠지요. 수장(水葬)을하면 하천을 오염시킬 것이고 토장(土葬)을 하면 시체가 쉽게 썩지 않아 세균이 퍼질 우려가 있고 화장(火葬)은 돈이 너무 많이 들어 피한다고 합니다.

 탑장(塔葬)은 영탑장(靈塔藏)이라고도 하는데, 먼저 향료로 사체를 보존한 다음, 금이나 은으로 만든 탑 안에 넣는 고급 장례방식입니다. 이런 고급 장례방식은 일반인은 불가능하고 '달라이(達賴)' 또는 '판첸(班禪)'과 같은 소수의 존경받는 고승에게만 행한다고 합니다.

2. 캄보디아의 장례식

킬링 필드(Killing Fields)로 유명한 캄보디아(Cambodia). 개인적으로 앙코르와 트를 좋아해서 몇 년에 한 번씩 혼자서 다녀오는 여행지입니다. 앙코르와트 는 12세기 초 앙코르 왕조의 전성기를 이룬 수리야바르만 2세(Suryavarman II) 가 살아있는 자신의 무덤으로 만든 것입니다. 자신의 신전에 오르려면 네발 로 기어서 올라야 한다고 경사를 너무도 가파르게 만들어 놓은 것이 특징입 니다.

지금은 신전의 계단에 철책이 생겨, 철책을 손으로 잡고 두 발로 오를 수 있지만, 예전엔 정말 네 발로 땀을 뻘뻘 흘리며 기어 올라갔었습니다. 심하 게 경사진 신전을 힘들게 오르면서 생각했습니다. 살아있는 자신의 신전을 짓고 자신의 신전을 보러온 방문자들에게 네발로 기어오르게 만드는 이렇게 오만한 정권은 당연히 망하지 않을 수가 없다는 생각이었습니다. 결국, 앙코 르 왕조가 망해서 앙코르와트는 오랜 세월 동안 정글에 묻혀 있다가, 표본채 집을 위해 정글에 들어간 프랑스 박물학자에 의해 1861년에야 세상에 드러 나게 되었습니다.

캄보디아인(일명 크메르인)은 죽음 앞에서 슬퍼하지 않습니다. 그들에게 죽음은 끝이 아니라 또 다른 세상으로 가는 길이기 때문입니다.

　크메르인들은 사람이 죽으면 7일 후에 육신이 빠져나간다고 믿고, 망자가 저승으로 가기 전에 7일마다 7번의 심판을 받게 된다고 믿고 있습니다.

　처음 7일째는 큰 거울 앞에 서는데 그때는 살아있을 때의 일들이 주마등처럼 지나간다고 합니다. 두 번째 7일째는 큰 강을 건너는데, 건너가서 물에 젖은 옷의 무게를 잰다고 합니다. 옷의 무게가 무거울수록 죄를 많이 지은 것이라고 합니다.

　이렇게 7일마다 7번의 심판을 받고 49일이 지나 염라대왕 앞에 선다고 합니다.

3. 중국

　중국(中國)은 인구가 13억이 넘고 땅덩어리도 세계에서 네 번째로 넓으며 5,050여 개의 소수 민족이 사는 다양한 민족으로 이루어진 나라입니다. 따라서 장례 문화도 아주 다양합니다. 그러나 이들의 장례 문화에서 공통점은 고인의 입에 돈이나 옥을 넣어 빈손으로 이승을 떠나지 않게 하는 풍습입니다. 고인이 생전에 좋아하던 물건이나 즐겨 사용하던 물건을 시신과 함께 관에 넣어주는데, 이것은 순장의 풍습에서 유래했다고 볼 수 있습니다.

　조문 기간은 3일장이 보통이고 돈이 많거나 신분이 높으면 5일이나 7일로 길어지기도 합니다. 중국은 장례식장에서 가짜 종이돈인 지전(紙錢)을 태우는 풍습이 있습니다. 지전을 태워 망자가 저승 가는 길에 노잣돈으로 사용하라는 뜻이랍니다. 또 중국의 애·경사에 빠지지 않는 것이 폭죽입니다. 지금도 일부 지역에서는 장례식에서 폭죽을 터트리고 성묘할 때도 폭죽을 터트리는데, 이것은 잡귀를 물리치고 망자와 함께하고 있다는 의미라고 합니다.

　중국은 인구의 94%가 한족, 이외에는 다양한 소수민족으로 이루어진 나라입니다. 민족에 따라 장례식의 형태가 다양하지만, 일반적으로 매장(埋葬)이 성행했습니다. 하지만 인구 증가로 인해 국토가 묘지로 잠식되어 1957년부터는 땅에 묻는 매장을 법으로 금지한 이후, 화장(火葬)을 하고 있습니다.

또 장례 문화로 수목장(樹木葬)을 널리 보급해, 삼림 자원도 보존하고 묘지 용지에 의한 경지 면적의 감소를 막아 일석이조의 효과를 거두고 있습니다.

중국 대도시의 경우 90% 이상이 화장을 하고 있으며, 농촌 지역의 경우에는 화장시설이 부족해서 매장을 하는 경우가 많다고 합니다.

현재 중국 각 도시에서는 장례, 화장과 납골이 통합된 빈의관(殯儀館)을 치르는 것이 일반화되어 있습니다. 중국의 빈의관은 우리나라의 장례식장과 비슷합니다.

장례식장인 빈의관에서는 유족은 검은색의 옷을 입고 상주는 왼쪽 팔에 '효(孝)' 자가 새겨진 띠를 찹니다. 조문객은 화려한 옷을 입을 수 없으며 짙은 화장을 해서도 안 됩니다. 전반적으로 우리나라와 비슷합니다만 장례식 조문객을 초청할 때는 가까운 지인만 초청한다는 점이 우리와의 차이점입니다.

좀 특이한 장례풍습을 소개하자면, 중국 일부 지역에서는 결혼하지 못한 남자 옆에 묻기 위해 여성의 시신을 사고파는 악습이 지금도 이어지고 있다고 합니다. 이 풍습은 1949년 신정부 수립 당시 법으로 금지됐지만, 산시(山西)와 산시(陝西), 간쑤(甘肅), 허난(河南), 광둥(廣東) 같은 농촌 지역에서는 여전히 행해지고 있습니다. 미혼 남성이 죽은 뒤, 여성과 합장해주지 않으면 후손들에게 불길하다고 믿는 미신 탓이라고 합니다. 그래서 젊은 미혼 여성이 사망한 경우, 유가족들은 시체를 파내가지 못하도록 콘크리트 작업까지 한다고 하니 매우 안타까운 일입니다.

4. 일본

이웃 나라 일본(日本)의 장례식은 다소 복잡한 편입니다. 일본은 불교의 영향을 받은 장례 문화와 철저한 법적 규제로 거의 99%의 화장률(火葬率)을 보입니다.

사람이 죽으면 친척이나 가족이 고인의 이름을 부르는 혼부르기(곤요비)를 하며 고인의 넋을 부르거나 대나무 통에 쌀을 넣어 고인의 귓전에 흔듭니다.

죽은 날 밤에 오쯔야(죽은 이의 영혼을 위로하는 행사)라 불리는 의식을 합니다. 고인과 마지막 인사를 하는 밤으로, 친족이거나 고인과 아주 친한 사람들이 모여서 관을 개봉하고 마지막으로 얼굴을 보며 밤을 새우며 향을 태웁니다.

일본은 법률상 사망 후 24시간 안에 화장할 수 없기 때문에, 시신을 하루나 이틀 동안 집이나 전문 안치소에 모셔뒀다가 사흘째 화장을 하는 경우가 많습니다. 장례식은 대부분 집에서 하는데, 평소 왕래하던 스님을 모셔서 3일장으로 치릅니다. 장례식장에서 될 수 있으면 많은 사람을 초청하여 떠들썩하게 하는 우리나라와는 달리, 집에서 장례식을 하는 만큼 아주 가까운 가족, 친지들이나 지인들만 초대해 곡소리나 소란스러움 없이 아주 조용하게 지냅니다.

　굳이 특이한 점을 들자면 일본은 사람이 임종할 때 물을 마시게 하는 풍습이 있는데, 이것을 '생의 마지막 물(마즈고노미즈)'이라고 합니다. 사람이 임종하면 유족이 젓가락에 탈지면을 감아 물을 적신 뒤, 고인의 입술에 적셔주는 것입니다. 그리고 특이한 것은 화장한 유골을 유골함에 넣을 때, 대나무 젓가락으로 사람과 사람으로 전달해서 담아 사찰이나 집에 모십니다.

　화장이나 매장을 위해 출관할 때는 고인과 이별을 고하기 위해 서서 식사를 하는데 이를 '입석밥(다치하노메시)'이라 부릅니다. 땅에 매장하는 경우 땅을 팠던 괭이나 연장을 무덤에 같이 넣습니다. 매장 후 집에 돌아갈 때는 뒤를 돌아보지 않고 온 길을 피하여 다른 곳으로 돌아가거나 다른 사람 집에 들르지 않습니다. 죽은 넋이 따라오는 것을 두려워하기 때문입니다. 사람이 죽은 후 7일마다 공양을 해서 7일제, 35일제, 49일제의 총 세 번의 3번 공양을 합니다, 고인의 옷이나 물건을 친척이나 친지들에게 나눠주는 것도 49일 전까지 합니다.

5. 미국

미국의 장례식 모습은 영화에서 워낙 많이 보아 이미 익숙한 느낌일 것입니다. 미국 장례 문화의 가장 큰 특징은 시신을 방부 처리해서 조문객에게 보여준다는 것입니다. 장례 예식장을 중심으로 장묘 문화가 정착되고 시신 방부 처리를 위해 장의사의 점포에 시신을 일정 기간 두어야 하기 때문에, 장의사의 역할이 아주 큰 것이 미국장례식의 특징입니다.

미국에선 누군가 고인이 되면 가장 먼저 장례지도사(Funeral Director)에게 연락해서 장묘 방법을 상담합니다. 매장할 것인지, 화장 후 납골장에 안치할 것인지, 장례 방법과 비용을 결정합니다. 그 후 장례지도사는 결정된 장례 방법대로 장례를 진행하며 지방자체단체 보건담당 부서에 통보합니다.

미국의 장례식은 교회나 집에서 조용히 치러집니다. 고인이 사망한 첫날 밤은 진지와 친구들이 모여서 밤을 새우고, 다음 날 고인을 정장을 입혀 입관을 시킵니다. 그다음은 우리가 영화에서 본 것처럼 관 윗부분을 열어두고 화장하고, 관 안에 누워있는 고인에게 작별의 말을 건네며 한 명씩 이별을 고합니다.

미국은 다른 나라와는 달리 인구에 비해 넓은 땅을 가지고 있는 데다가 기독교의 영향을 받아, 화장보다는 주로 매장을 선호합니다. 다만 우리나라처럼 봉분을 동그랗게 올리지 않고, 관의 크기만큼 땅을 파서 평평하게 묻는 평장(平葬)의 형태이고, 1기당 묘지면적도 작아 국토가 묘지로 뒤덮일 일은 없을 것 같습니다.

6. 프랑스

　톨레랑스(tolerance, 남의 생각과 행동, 취향이 나와 다름을 인정하는 것)를 외치는 개성 강한 프랑스인들은 장례문화도 경제 형편에 따라 다릅니다.

　장례를 치르는 상가의 제단에는 관과 촛대를 놓고 주변엔 검은 커튼을 칩니다. 관에는 고인이 성인인 경우 검은색, 미성년인 경우 흰색을 사용하고 고인이 아끼던 유품을 관 위에 얹어 놓습니다.

　일반적으로 사망 후 48시간 이내에 공동묘지에 매장하고 그 이후 2시간이 경과하거나 사망 장소로부터 125마일 이상의 장송(葬送) 매장 시에는 관의 내부에 밀폐용 금속 핀을 붙여 경찰관이 봉인해 시신을 엄격하게 보호합니다.

　프랑스(France)의 묘지는 모두 공영으로 5년씩 최장 35년까지 계약 갱신이 가능하지만, 매장 후 5년 후에도 갱신하지 않으면 무연고 묘로 분류해 분묘를 철거하고 유골을 합장합니다. 프랑스는 사후처리가 확실한 것이 특징입니다.

7. 영국

　매장을 선호하는 다른 유럽 국가들과는 달리, 영국은 화장률(火葬率)이 70%에 이릅니다. 영국도 19세기 이전에는 교회의 부설 묘지가 대부분이었는데, 1831년 콜레라(cholera)의 만연으로 인해 교회 지하에 시신을 방치하는 비위생적인 장례를 금지하고 사설 묘지로 바뀌게 되었습니다.

　영국은 제2차 세계 대전을 승리로 이끌면서 문화에 큰 변화를 가져오게 되었는데, 그중의 하나가 화장 문화의 증가입니다. 영국은 사람이 죽으면 남자는 검은 옷, 여자는 흰옷을 입히고 관 위에 성경책을 놓습니다. 사망 즉시 성직자를 초빙해 교회로 시신을 옮긴 뒤 장례를 치릅니다,

　영국은 신분, 지위, 재산과 관계없이 사설 공동묘지나 공용 묘지 1평 정도로 평분(平墳)을 만들고, 1개의 묘에 4구까지 합장도 가능하다고 합니다.
　영국은 아무리 유명한 사람이라도 법으로 사설묘지이거나 공설묘지인지에 상관없이 한 사람당 1평으로 묘지 크기를 제한한다고 하니, 우리나라도 법으로 묘지의 규모 정도를 제한하면 좋을 것 같습니다.

8. 스웨덴

　스웨덴(Sweden)은 장례식을 평균 19일 동안 치릅니다. 추운 기후 때문인데, 묘지를 파기 위해 언 땅이 녹을 때까지 기다려야 하는 것이 그 이유입니다. 지난 2012년까지는 법적으로 허용된 장례 기간이 두 달이었고, 지금은 한 달로 줄어들었지만, 장례식이 긴 만큼 추모객의 수가 아주 적습니다.

　또 이렇게 긴 장례식 일정 때문에 대형 시신 안치소가 많은 것이 스웨덴의 독특한 풍경입니다.

9. 인도

　인구 8억이 넘는 인도의 장례식에 대해 말하면 대부분 갠지스강에서의 화장을 떠올립니다. 그러나 사실 인도는 화장(火葬)을 원칙으로 합니다. 인도인 대부분이 믿는 힌두교는 죽음이 이승에서의 생활에 마침표를 찍고 육체로부터 영혼을 해방시켜 윤회하고 저승에서의 영원한 삶을 살게 한다는 믿음을 갖고 있습니다.

　인도인들을 죽음이 가까워지면 스님을 모셔와 살아생전의 죄를 고백하며 참회하고 정화하는 의식을 가집니다. 그리고 마침내 사망하면 가족이나 친지들은 큰소리로 곡을 하며 집 밖으로 나가 사신이 있다고 믿는 남쪽을 향해 기도를 올립니다.

　시신은 흰 천으로 싸서 대나무 관에 넣고 노천 화장장으로 옮깁니다. 갠지스강물이나 성수로 믿는 물을 시신의 입과 머리부터 발끝까지 붓고, 쌓인 장작 위에 시신을 올려둡니다. 장작에는 백단향목이나 버터기름, 가솔린을 부어 화력을 세게 만들고 화장한 후 남은 유해는 가까운 강물에 흘려보냅니다. 어린아이가 죽으면 화장을 하지 않고 시신에 돌을 달아 강물에 그대로 흘려보냅니다.

화장한 날부터 상복을 입고, 사후 10일이 되면 고인의 영혼이 완전히 승천했다고 생각하고 11일째에 상복을 벗습니다. 그 후 한 달에 한 번씩 조령제(祖靈祭)를 열고 만 1년 만에 장례식 절차를 마칩니다.

길 위에서의 생각

류시화

집이 없는 자는 집을 그리워하고
집이 있는 자는 빈 들녘의 바람을 그리워한다.
나 집을 떠나 길 위에 서서 생각하니
삶에서 잃은 것도 없고 얻은 것도 없다.
모든 것들이 들녘의 바람처럼
세월을 몰고 다만 멀어져갔다.

어떤 자는 울면서 웃을 날을 그리워하고
웃는 자는 또 웃음 끝에 다가올 울음을 두려워한다.

나 길가에 피어난 풀에게 묻는다.
나는 무엇을 위해 살았으며
또 무엇을 위해 살지 않았는가를.

살아있는 자는 죽을 것을 염려하고
죽어가는 자는 더 살지 못했음을 아쉬워한다.
자유가 없는 자는 자유를 그리워하고
어떤 나그네는 자유에 지쳐 길에서 쓰러진다.

류시화(1958~)
시인이자 번역가. 인도의 대표적 명상가인 '라즈니쉬(Rajneesh)'의 주요 서적들을 번역하고 법정 스님의 법문과
잠언을 엮어 잠언집도 발표했다. 1980년대에는 인도로 여행을 가서 7년 넘게 라즈니쉬에게서 참선과 수행을 하
기도 했다. 『지금 알고 있는 걸 그때도 알았더라면』『외눈박이 물고기의 사랑』『새는 날아가면서 뒤돌아보지 않
는다』『그대가 곁에 있어도 그대가 그립다』 등의 잠언 시집을 출간했고 『성자가 된 청소부』『나는 왜 너가 아니고
나인가』와 같은 40여 권의 작품을 번역했다.

제6장

세계 각국의
죽음(준비)교육현황

"한 인간이 어떻게 죽는지를 보면 그의 사람됨을 짐작할 수 있다."고
인도 출신 철학자이자 **저널리스트인 카마스(M. V, Kamath)**는 자신이 쓴 책 『삶과 죽음의 철학』에서 말했습니다.
그는 이 책에서 프로이트(Sigmund Freud), 간디(Mahatma Gandhi), 레닌(Vladimir Il'ich Lenin) 등
역사적인 인물 51명의 죽음을 통해 "인격적으로 완성된 사람들의 죽음은
용기 있고 고요하고 평화롭다."고 주장하기도 했습니다.

한 시대, 사회, 개인이 죽음에 대해 어떤 태도를 가지는지에 따라 그 시대, 사회, 개인의 상태를 알 수 있습니다.
이제 더 이상 죽음을 영화나 소설이나 환상이나 공포가 아닌
현실에서 적나라하게 마주해야 할 때입니다.

1. 미국

미국에서는 1960년대에 미네소타대학교(University of Minnesota)에서 '죽음의 준비과정'이라는 교과목이 처음으로 개설되었습니다. 1966년에는 죽음준비교육에 관한 전문학술잡지 〈OMEGA〉가 창간되고 이어 〈Death Education〉이라는 잡지 창간, 1967년에는 퀴블러 로스(Elizabeth Kubler Ross)의 『Dea and Dying』이 출판되었습니다.

그 이후 여러 대학에서 죽음에 대한 교과 과정이 개설되어, 1970년대에는 20여 개의 대학에서 교육이 시행되었습니다. 현재는 초·중·고등학교에도 죽음에 대한 다양한 교과 프로그램이 있고, 미네소타 죽음준비교육연구센터를 비롯한 정규기관이나 비정규기관에서 죽음준비교육에 대한 연구와 강의가 진행되고 있습니다.

1980년대부터 미국은 공립 초·중·고등학교에서 죽음에 관한 교과목으로 〈죽음, 임종교육〉을 가르치고 있습니다.

또 미국은 ADED(The Association for Death Education and Counselling) 등의 죽음준비교육사 양성기관을 통해 전문인을 배출하고 있으며, 다양한 죽음학

관련 학술지도 출판되고 있습니다.

미국 뉴저지(New Jersey)의 한 고등학교에서 실시되는 죽음교육 프로그램은, 고등학생을 도와서 좀 더 효과적으로 삶과 죽음의 문제, 상실의 경험이나 슬픔에 대해서 이해하도록 돕고, 죽음이 자기 개인 생활에 어떤 영향을 미치는가를 알 수 있게 도와주기 위한 교육을 합니다.

고등학교에서 실시되는 죽음교육 프로그램은 초기에는 학생들의 죽음에 대한 개념과 인식에서 출발하고 있으며, 후반부에는 보다 구체적인 죽음의 문제와 대처방법을 토론과 과제를 통해 학생들이 잘 인지할 수 있도록 하는 등 다양한 과정이 마련되어 있습니다.

미국은 초·중·고교생뿐만 아니라, 대학생과 성인들에게도 죽음교육 프로그램이 진행됩니다, 크게 세 부분으로 나누어지며 이는 다음과 같습니다.

① **1단계** - 죽음이 발생하기 이전에 죽음에 대한 교육을 실시하는 것으로 이 교육은 유아기 때부터 실시해 미래에 맞이할 노화를 올바르게 이해시키는 교육입니다.

② **2단계** - 죽어가는 순간을 이해시키는 교육으로 죽음이 임박한 개인과 그 가족에게 필요한 교육입니다. 죽음에 이른 사람이 아직도 고유한 삶의 순간이 있으며 죽어가는 과정 자체가 의미있는 것임을 인식시키는 교육입니다.

③ **3단계** - 죽은 사람의 유가족들을 위한 교육으로 사별한 사람이 느끼는 고통이나 슬픔의 다양함을 교육합니다. 사별의 고통과 슬픔은 개인의 나이나 성별, 건강상태, 사회 경제적인 수준, 죽은 이와의 친밀도에 따라 달라지는데, 그들이 슬픔을 극복하고 다시 일상으로 복귀하는 데 도움을 주는 데 그 목적이 있습니다.

2. 일본

일본에서는 지난 1980년대 초부터 생과 사, 늙음과 젊음, 건강과 질병, 인생관과 생사관 같은 체계적인 죽음준비교육이 이루어지고 있습니다.

일본의 죽음준비교육은 독일에서 일본으로 귀화하여 **생사학**의 연구와 보급에 힘쓰고 있는 **알폰스 데켄**(Alfons Deeken)에 의해 많은 영향을 받았습니다.

독일 출신의 신부(神父) 알폰스 데켄은 동경의 죠지대학에 1975년 〈죽음의 철학〉 강좌를 개설했고, 1985년 '일본 삶과 죽음을 생각하는 회'를 창설해, 죽음준비교육을 실시해 왔습니다. 일본 삶과 죽음을 생각하는 회는 병원에 입원한 말기 환자의 간호 개선과 호스피스 프로그램의 발전을 위한 연구, 사별한 사람들을 위한 그룹 지도를 목표로 활동하고 있습니다. 이 모임을 통해 병원의 호스피스 봉사자들과 학생들, 사별자들이 위로를 받고 슬픔을 함께 공유하게 되었습니다.

일본의 4월 15일은 '유언의 날'입니다. 변호사 협회가 주관해서 전국을 돌며 유언에 대한 강연과 캠페인을 벌이며 유언장 작성을 도와주고 상속에 관한 법률적인 상담도 해줍니다. 지식인 그룹이 국민들에게 죽음준비교육을 시키는 것입니다.

한편, 일본 정부는 2005년부터 국가 예산을 투입해 학생들에게 가르칠 죽음의 교과과정을 개발하고 있습니다, 이는 일본 청소년들의 약물 남용으로 인한 사고사나 자살을 줄이기 위한 다양한 방법의 하나입니다.

일본의 죽음교육은 주로 죽음에 관한 책, 시(詩), 음악, 영화를 소개하고 다양한 죽음과 관련된 사진을 감상하고 토론을 진행하는 형태로 이루어집니다. 예를 들어 '20살에 죽는다면 너무 일찍 죽은 것인가? 아니면 80살을 살아도 일찍 죽었다고 생각할 수 있지 않을까?'라는 식의 주제에 관한 토론 수업입니다.

일본은 청소년들에게 이런 죽음교육을 통해, 생명존중 사상과 삶의 가치를 올바르게 발견할 수 있도록 돕고 있습니다.

3. 독일

독일은 중세부터 죽음에 대한 관심이 많았던 나라로 음악, 문학, 철학에서 죽음을 주제로 한 작품들이 많았습니다. 음악에서는 모차르트(Wolfgang Amadeus Mozart), 브람스(Johannes Brahms) 등의 〈사자를 위한 미사곡〉같이 죽음을 모티브로 한 작품들이 있습니다.

특히 독일 죽음교육의 특징은 종교 교육의 틀 안에서 실시되었다는 것입니다. 독일에는 중세부터 기독교의 다양한 교회 행사를 통해서 교인들에게 죽음을 올바르게 이해시키는 '죽음준비교육'의 전통이 있었습니다. 그리고 이런 역사적인 배경 때문에 학교 교과 과정에도 죽음을 준비하는 교육 프로그램을 포함시키고 있습니다.

독일은 20세기 이후 의학의 발달로 죽음에 소홀했으나, 1980년경부터는 학교 수업과목으로 '죽음의 준비교육'을 채택했습니다. 중·고등학교 교과서에도 죽음교육이 들어가 있습니다. 국·공립 중등학교에서는 매주 2시간의 죽음수업이 있는데 학생이나 부모가 원치 않으면 받지 않아도 되고 14살 이상이면 자신의 판단으로 수업 참여를 결정합니다. 죽음교재 선택은 담임교사의 재량에 맡겨져 있고 현재 독일에서는 20여 종의 죽음 교과서가 발간되고 있다고 하니, 선생님들이나 아이들이나 선택의 폭이 좀 넓은 것 같습니다.

독일의 중학생용 교과서에는 다섯 가지 주제가 등장하는데, 이는 다음과 같습니다.

① **죽음과 장의** - 세계 각국의 다양한 장례식 자료와 사진이 풍부하게 실려 있으며 신문에 실린 부고의 사례, 장례식을 위한 구체적인 제안을 학생들이 자유롭게 생각하도록 유도합니다.

② **청소년의 자살** - 청소년의 자살 사례를 이야기하면서 그 원인과 동기에 대해 설명하고, 자살방지를 위한 상담소 주소와 전화번호를 게재해 자살을 예방하는 방법을 자세하게 소개합니다.

③ **인간답게 죽는 방법**(윤리적인 문제) - 생명을 인위적으로 영위하는 문제, 적극적, 소극적 안락사 문제 등을 다루는데, 죽어가는 사람에게 어떻게 하면 마지막 시간을 인간답게 죽어갈 수 있는지 등에 대해서 다룹니다. 그리고 이를 위해 우리는 어떤 도움을 줄 수 있을지를 폭넓게 다루고 있습니다.

④ **생명에 대한 위협**(죽음과의 대결) - 인위적으로 생명을 위협하는 전쟁이나 원자력발전소, 마약, 직업병, 교통사고를 다룹니다.

⑤ **죽음의 해석** - 동·서양의 철학과 종교상 죽음의 의미와 해석, 사후 생명의 가능성을 어떻게 이해해야 하는지에 대해 다루고 있습니다. 또한, 묘지를 견학하여 묘비명을 연구하고 신문의 사망 광고를 모아 분석하는

숙제를 내주기도 합니다.

어떤 경우에도 죽음에 대한 해석을 학생들에게 강요하지 않고, 다양한
해석을 하고 자유롭게 선택할 수 있도록 유도하는 것이 독일의 죽음교육
입니다.

4. 스웨덴

　스웨덴의 경우, 지난 1988년 8월 15일 스톡홀롬 근처의 한 초등학교에서 대형 버스 사고가 나서 많은 아이가 사망한 사례가 있습니다. 이에 이 사고를 계기로 '죽음대비교육'이 실시되었습니다. 이 교통사고로 아이들 12명, 어른 3명, 총 15명이 사망했고 다른 승객들도 중상자가 많았습니다. 그런데 교통사고 장소가 이웃 나라인 노르웨이의 산속이라, 스웨덴 국내에 있던 학부모들은 학교로 달려갔지만 사고에 대한 상세한 정보도 없고 학교 측이나 교사들도 어떻게 설명해줘야 할지 막연했을뿐더러 결국 오로지 비탄에 빠져 있었습니다.

　이런 대참사 후, 사후 처리에 대한 반성으로 스톡홀롬(Stockholm) 시와 그 주변의 초등학교에 '위기 대응팀'이 창설되어 위기 사태가 발생하면 즉시 다각적인 대응을 할 수 있도록 교장, 보건의 상담교사, 보건교사가 한 팀이 되는 제도를 만들었습니다.

　최근에는 행정 차원에서 각 학교가 학부모, 교사, 학생들이 갑자기 사망했을 때를 가정해 여러 가지 긴급사태에 대응하도록 준비하고, 학생들에게도 '죽음대비교육'이나 '비탄교육'을 실시하고 있습니다.

5. 영국

영국에서는 '**죽음 알림 주간**(Dying Matters Awareness Week)'이라는 것이 있어서 매년 5월이면 다양한 죽음 관련 행사가 열립니다. 영국은 '죽음의 질 (생애 말기 치료) 순위(The quality of death Ranking end-of-life care across the world)' 2010년 조사에서 1위를 차지했습니다. 우리나라는 안타깝게도 조사대상 40개국 중 32위였습니다.

또한, 영국에는 '데스 카페(Death Cafe)'도 있습니다. 이곳은 죽음이라는 주제에 대해 거리낌 없이 이야기할 수 있는 곳입니다. '죽음 알림 주간'이나 '데스 카페' 등을 통해 어른들이 아이들에게도 죽음이 인생의 일부라는 사실을 깨우치도록 돕습니다.

사실 어린이들도 동화책이나 동물의 죽음을 대하면서 죽음을 어느 정도는 인지하고 있기 때문에, 사람은 누구나 죽는다는 사실을 정확하게 알려줘야 합니다.

영국은 비탄교육(죽음교육)의 필요성을 인식하고 중·고등학교의 커리큘럼에 '상실체험과 비탄'을 도입했습니다. 비탄교육 속에는 죽음의 역사나 가족의 죽음, 자살, 이혼, 장례의 의의, 사후생명의 고찰, 비탄과정과의 대결이 다양하게 수록되어 있어, 학생들이 죽음에 대한 관심을 갖고 다양한 토론할 수 있도록 합니다.

6. 우리나라

우리나라의 죽음교육 관련 강좌는 1970년대 후반부터 시작되어 현재까지 꾸준히 진행되고 있습니다. 죽음관련 프로그램들은 크게 대학이나 대학부설 기관과 종교단체, 기타 사회복지단체 및 재단에서 실시하는 것으로 나눌 수 있습니다.

대학부설

대학 내 죽음준비교육은 대부분 교양과목 혹은 사회복지관련 학과, 대학부설 평생교육원에서 실시되고 있습니다. 서강대학교에서는 1978년 '죽음에 관한 강의'가 교양강좌로 개설된 이래 현재까지 이루어지고 있으며, 1996년부터는 '죽음의 심리적 이해'라는 강좌명으로 개설되었습니다.

고려대학교 최고위교육문화과정에서는 1996년 이래 '삶의 정리와 교육'이라는 제목의 강연을 학기마다 진행하고 있고, 대학들의 종교적 특성에 따라 프로그램의 방향도 정해지고 있습니다. 한림대학교 생사학연구소의 경우는 부설기관으로 '웰다잉(자살예방) 교육센터'를 통해 우리 사회의 죽음의 질을 개선하고 자살을 예방하기 위한 '웰다잉(자살예방) 전문과정'을 실시하고 있습니다.

　이렇듯 몇몇 대학에서의 죽음교육 관련 프로그램은 죽음에 대한 이해에서 시작하여 종교적 관점에서의 죽음, 호스피스 교육, 심리 및 감정치료, 사자와 생자를 대상으로 하는 이별 및 극복방법을 교육하고 있습니다.

종교단체

　종교단체의 죽음교육은 주로 기독교와 불교단체에서 이루어지는 프로그램이 있습니다. 각 단체는 종교적 특성에 맞는 프로그램을 제공하며, 교육과 동시에 종교의 교리도 전달합니다. '정토사관자재회재단의 정토마을'에서는 호스피스전문교육을 실시하고, 불교 의료복지 포교에 뜻이 있거나 신심이 돈독하여 보살행을 실천하고자 하는 이들을 대상으로 하여 환자가 평안한 죽음을 맞이하게 함과 동시에 환자의 가족들이 느끼는 사별의 아픔을 치유하도록 돕고 있습니다.

　'봉은사(奉恩寺)'에서는 매주 화요일마다 총 10회 강의를 통해 주·야간반으로 웰다잉 체험교실을 진행합니다.

　기독교가정사역연구소의 '천국준비교실'에서는 과거의 참을 돌이켜보고 유언서를 작성하거나, 가족 용서하기, 유산 정리하기, 장기기증, 영정사진 찍기 등의 교육을 실시하고 있습니다.

사회복지단체

사회복지단체 혹은 비영리제단에서도 죽음준비교육을 실시하고 있습니다. '삶과 죽음을 생각하는 회'는 1991년 3월경 발족 후 공개강좌를 시작하며 죽음의 철학, 죽음준비교육의 필요성에 대한 강연회, 세미나 등을 개최하고 '삶과 죽음' 회지 발간, 슬픔치유 소그룹 상담, 호스피스 교육 및 죽음준비교육 지도자과정을 실시하고 있습니다. 또한, 사별의 아픔을 가진 이들을 위한 소그룹 상담과정을 개설하여 그 가족들의 슬픔을 같이 나눔으로써 서로를 치유하고 자신을 돌아볼 수 있는 과정도 실시하여 죽음준비교육 대상자의 범위를 넓히고 있습니다.

'아름다운 계단'에서는 '아름다운 이별학교' 프로그램을 실시하여 매주 월요일마다 총 4회에 걸쳐 죽음 바라보기, 유산과 세금 이야기, 법이 지켜 주는 유언장 이야기 등의 죽음준비교육을 실시하고 있습니다.

노인 종합복지관은 노인들을 위해 죽음준비 프로그램을 진행하여 아름다운 마무리, 존엄한 죽음, 영정사진 찍기, 유언장 쓰기 등의 프로그램을 실시하고 있습니다. 죽음준비학교와 죽음준비지도자양성교육 프로그램은 서로 마음을 열고 과거를 되돌아보는 시간을 가지며 비디오 감상, 변호사 특강, 죽음준비에 대한 이해, 장묘문화센터 방문 등의 과정을 진행합니다. 이 외에 특별한 교육으로는 임종체험교육이 있습니다, 임종체험관은 개인이나 단체 모두 참여 가능하며, 유언장을 작성한 후 직접 관에 들어가 죽음을 체험할 수 있는 체험적 프로그램으로 시행되고 있습니다.

우리나라에서 죽음준비교육 프로그램을 실시하는 기관으로는 노인종합복지관, 기독교 교회 및 단체, 불교단체, 비영리재단 등이 있으며, 프로그램을 직접 운영하지는 않지만 학술적으로 접근을 하는 학회 등도 있습니다.

또한, 죽음준비교육은 매학기 혹은 주기적으로 반복 실시되는 정규교육으로 자리 잡기보다는, 특별 프로그램의 형식 혹은 복지관에서는 위탁교육형식으로 1년에 한두 차례 정도 실시하는 기관도 많습니다.

서강대학교, 가톨릭대학교는 '호스피스 전문인과정'을 매년 정기적으로 실시하고 있으며, 일부 연구자 및 교수들은 각각 죽음준비 프로그램 모형을 제시하거나 각 대학에서 교양강좌로 실시하고 있습니다.

대부분의 죽음준비교육은 종교별로 나름의 구원과 내세관을 알리고 환자를 구원하는 차원에서 종교기관에서 많이 실시되고 있습니다. 주로 기독교와 불교기관이 많고 이들은 호스피스 교육도 실시하고 있습니다.

우리나라 죽음교육의 방향

죽음교육이란 평소에 죽음을 미리 생각하고 준비해 갑자기 죽음이 찾아오더라도 편안히 죽음을 맞을 수 있도록 충분히 준비한다는 것입니다.

우스갯소리로 "올 때는 순서가 있지만 갈 때는 순서가 없다."고 합니다. 따라서 죽음교육도 나이와 상관없이 남녀노소 누구나 받아야 하는데, 우리나라는 성인과 노인들에게만 집중된 것 같습니다.

언제부터인가 우리나라에서는 청소년들이 성인들 뺨치게 악랄한 범죄를 저지르거나 왕따 문제, 자살이 급증했습니다. 이에 우리나라도 초·중·고등학교 정규 교육과정에 〈죽음준비교육〉 실시가 시급하다고 봅니다.

우리는 생활하면서 각종 질병에 대비한 보험, 자동차 사고에 대비한 보험, 노후대비 연금 등등 다양한 준비를 하지만, 정작 가장 중요한 죽음 준비는 전혀 하지 않는 게 우리 사회의 현실입니다.

따라서 미국이나 독일, 스웨덴처럼 죽음교육을 전 연령층에서 다양하게 사회 전반적으로 받을 수 있는 시스템 도입이 시급합니다.

진정한 여행

나짐 히크메트

가장 훌륭한 시는 아직 쓰여지지 않았다
가장 아름다운 노래는 아직 불려지지 않았다

최고의 날들은 아직 살지 않은 날들

가장 넓은 바다는 아직 항해되지 않았고
가장 먼 여행은 아직 끝나지 않았다

불멸의 춤은 아직 추어지지 않았으며
가장 빛나는 별은 아직 발견되지 않은 별

무엇을 해야 할지 더 이상 할 수 없을 때
그때 비로소 진정한 무엇인가를 할 수 있다

어느 길로 가야 할 지 더 이상 알 수 없을 때
그때가 진정한 여행이다
- 〈생애 최고의 날은 아직 살지 않은 날들〉 中

나짐 히크메트(Nazim Hikmet, 1902~1963년)
터키의 혁명적 시인이자 극작가. 그리스에서 출생한 터키 고급관료의 아들로 이스탄불의 해군사관학교에 입학. 혁명운동으로 군에서 제적되고 1937년 체포돼 감옥에서 시와 희곡을 썼다. 저서로는 『죽은 계집아이』, 『다모클레스의 칼』, 『로만치카』 등이 있음.

제7장

제 장례식에 놀러 오실래요?

우리나라 직장인들이나 성인들은 대개 한 달에 한두 번 정도, 나이가 많거나 지위가 높은 분들은 더 많은 부고(訃告) 소식을 받습니다, 보통 누군가의 부고 소식을 들으면 매우 놀라면서 걱정하는 마음이 들고, 진심으로 슬픈 마음을 안고 장례식장으로 갑니다.

하지만 덤덤한 마음이 들면서, 왜 나한테까지 부고장을 보냈느냐는 마음이 들면, 대인 관계를 위해 마치 숙제를 하듯이 장례식장으로 가는 분들도 많다고 합니다. 막상 장례식장에 가도 모두 비슷한 풍경이 펼쳐지곤 합니다.

저는 어떤 책에서 아주 인상 깊은 장례에 대한 글을 읽은 적이 있습니다.
장례식이 끝나면 가족 친지들과 함께 친한 지인들이 장지(葬地)까지 버스를 타고 따라갑니다, 장지로 가는 버스 속에서 동영상 하나가 상영되었다고 합니다.

동영상의 주인공은 고인(故人)이었습니다. 동영상 속에서는 고인이 바쁜데도 불구하고 찾아와서 장례식을 치르고 장지까지 먼 길을 동행해 줘서 진심으로 고맙다고 인사하고 자신이 살아온 이야기를 들려주었습니다. 비록 돌아가시기 몇 달 전에 찍은 동영상이라 고인의 병색은 완연했지만, 따뜻한 표정으로 그분은 자신의 삶을 들려주었습니다.

버스 안에 타고 있던 가족, 친지, 지인들은 그의 이야기를 들으면서 울고 웃기를 반복했습니다. 동영상의 후반부에는 그들이 지루하지 않도록 고인 자신이 좋아하는 음악 몇 가지를 준비해서 들려주기도 했습니다.

이윽고 고인이 준비했던 동영상이 끝난 후, 동영상을 찍은 고인의 아들이 마이크를 잡고, 고인이 혹시 자신의 장례 때, 비 올 것에 대비해 동영상을 맑은 날 용과 비 오는 날 용으로 두 가지로 준비했다고 이야기했습니다. 저는 이를 통해 고인이 정말 배려 깊은 사람임을 알 수 있었습니다. 마지막으로 가시는 길에도 조문객들을 이렇게 배려하는데, 살아생전에는 얼마나 다른 사람을 배려하고 잘 사셨는지 미루어 짐작이 갑니다.

1. 인상적인 장례식

분홍장미로 뒤덮인 장례식장

지난 2011년 2월, 우리나라 헤어 디자이너계의 대모라 불리던 고(故) '그레이스 리(이경자)' 님의 장례식은 "죽는 건 슬픔이 아니라 밝았으면 좋겠다."는 고인의 뜻에 따라 장례식장을 흰 국화꽃 대신 분홍 장미로 장식해 화제가 되기도 했습니다. 그녀의 조문객들은 탱고 음악을 듣고 와인을 마시며 고인을 추모했다고 합니다. 그녀는 유명 패션잡지인 <보그>에 우리나라에서 최초로 내용이 게재된 미용인이고, 1979년에는 그동안 미용계에 이바지한 공로로 석탑산업훈장까지 받은 분입니다.

그레이스 리는 지난 2009년에 자신의 인생 스토리를 담은 에세이집 『오늘이 내 삶의 클라이맥스다』(김영사)라는 책을 펴내기도 했습니다.

그녀는 자신이 죽은 뒤에는 제사는 지내지 말고, 그냥 자신의 생일날에 자신이 그리운 사람들이 모여 맛있는 음식을 먹으면서 자신의 흉을 보며 즐거운 시간을 가지라고 말했습니다. 정말 멋진 분 같습니다.

무소유, 법정 스님

『무소유』로 유명한 법정 스님은 생전에 이런 유언을 남겼다고 합니다

"장례식을 하지 마라, 관도 짜지 마라. 평소 입던 무명옷을 입혀라. 내가 살던 강원도 오두막에 대나무로 만든 평상이 있다. 그 위에 내 몸을 올리고 다비(茶毘)해라. 그리고 재는 평소 가꾸던 오두막 뜰의 꽃밭에 뿌려라."

법정 스님의 사후에는 그분의 유언대로 장례식을 치렀습니다. 스님이 평소 입던 옷 위에 가사(袈裟, 승려가 장삼 위에 입는 법의) 한 장을 덮고 화장 후엔 "꽃들에게 보답하고 싶다."는 유언대로 작은 꽃밭에 영원한 안식처를 마련해 드렸다고 합니다.

김수환 추기경

법정 스님과 친분이 깊던 김수환 추기경 역시, 마지막까지 나누는 삶을 실천하고 가셨습니다. 수의 역시 미사를 봉헌할 때 입던 제의를 사용해, 따로 비용이 들지 않게 했습니다.

무엇보다도 그분은 자신을 위해 인위적인 어떤 연명치료도 하지 말라고 당부했고 사후에는 각막 기증을 해서 그 해만 평년의 3배가 넘는 18만여 명이 사후 장기기증을 서약하는 작은 기적을 만들기도 했습니다.

장례식도 하나의 작품으로 만든 백남준

백남준이라고 하면 엄청나게 쌓아 올린 텔레비전 작품이 생각난다는 분들이 많습니다. 백남준은 비디오 아티스트로 세계적으로 유명한 예술가입니다. 그분의 작품은 자유분방하면서도 파격적이라 작품 하나하나가 많은 이들을 놀라게 만들곤 했습니다. 그리고 이런 놀라움은 자신의 장례식 역시 예외가 아니었습니다. 미국 뉴욕(New York)의 프랭크 캠벨 장례식장에서 장례를 치르며 '넥타이를 자르는 해프닝'을 벌였기 때문입니다. 그가 지난 1960년 '피아노 포르테를 위한 연습곡'을 연주하다 존 케이지(John Cage)의 넥타이를 자르는 해프닝을 선보인 것을 계기로 조문객들의 넥타이를 자르는 해프닝이 재현되었습니다.

비틀즈 존 레넌(John Lennon)의 아내였던 행위 예술가인 '오노 요코(小野洋子)'가 하쿠다 씨의 넥타이를 잘라 헌화하듯 고인 위에 올려놓았습니다. 미국은 고인의 얼굴을 보며 조문하는 장례 문화라 추모하는 의미로 진행된 퍼포먼스였기에 다른 이들도 흔쾌히 참여했고, 그의 시신은 꽃 대신 수백 개의 넥타이 자락들에 수북하게 뒤덮여 장례식은 장엄하면서도 산뜻하게 치러졌습니다.

정말 **'삶은 예술처럼, 죽음은 해프닝처럼'** 치러진 특별한 장례식이죠?

2. 제 장례식에 놀러 오실래요?

세계적인 베스트셀러인 『내가 정말 알아야 할 모든 것은 유치원에서 배웠다』를 쓴 저자인 로버트 풀검(Robert Fulghum)이라는 사람이 있습니다. 이 분이 쓴 책 중에 아주 재미있는 제목을 가진 책이 있습니다. 『제 장례식에 놀러 오실래요?』라는 책입니다.

책 제목이 너무 매력적입니다. 로버트 풀검은 신분은 목사지만 유쾌한 철학자에 가까운 사람입니다. 그는 이 책에서 출생에서부터 생일 축하, 결혼식, 졸업식, 동창회, 장례식을 아주 유쾌하고 감동적으로 적고 있습니다.

우리의 삶은 태어나서부터 죽을 때까지 매 순간 의식(儀式)과 축제로 이루어집니다.

인생이라는 학교에서 화해가 있다면, 싸움마저도 축제라고 할 수 있습니다. 그런데 왜 우리의 교과 과정엔 죽음이 빠져 있을까요? 왜 장례식은 예외일까요?

로버트 풀검은 이 책에서 결혼식과 생일에 초대되는 것과 마찬가지로, 장례식에 가려고 한다고 이야기합니다. 눈물이 아닌 축제로서의 장례식, 웃음과 반전이 있는 삶의 절정, 인생은 조금만 뒤집으면 정답이 보인다고 합니다.

이 책에 나오는 '마사 카터' 할머니가 자신의 장례식에 오는 분들에게 당부한 말입니다.

"문상 오는 손님은 상복 대신 화사한 옷을 입으세요.
슬픈 이야기나 슬픈 노래 대신 밝고 기쁜 노래를 불러 주세요.
모두 손뼉 치고 웃으며 아름답고 경쾌한 프로그램으로 장례 진행을 요청하겠습니다."

마사 카터 할머니는 자신의 장례식 순서에 낭독할 유서도 남겼습니다.

"지금까지 저는 그동안 멋진 인생을 살았습니다.
제게 사랑과 은혜를 베풀어 주신 모든 고마운 분들에게 감사를 드립니다.
마중 나온 천사들의 손을 잡고 아버지 품에 안길 겁니다.
춤을 출 신발을 바꿔 신고 훌쩍 떠날 겁니다.
천국에서 만날 그날까지 기도하겠습니다.
여러분 사랑합니다. 그리고 고맙습니다."

그녀는 그렇게 세상을 떠났고, 그 장례식은 그야말로 굉장한 음악회요, 축제요, 환송 잔치였다고 합니다.

죽는 사람의 70% 이상이 제대로 된 유언도 없이 죽는다고 합니다.
물론 사고사 같은 갑작스러운 죽음은 어떻게 하느냐고 물을 수도 있습니다.

죽음에 대해 생각해 볼 기회가 전혀 없다면 어떻게 할까요?

죽음은 언제나 가까이 있고, 언제나 일어날 수 있는 일입니다.

아직 건강하고 살아야 할 날이 많이 남아 있을 때
죽음에 대비하는 것은 존재의 안전띠를 매는 것과 같습니다.

마사 카터는 제 할 일을 했습니다.

언젠가는 반드시 죽어야 한다는 걸 알 때,
우리들은 흔히 더 제대로 살고 죽을 수 있습니다.

우리는 모두 **시한부 삶**을 살고 있기 때문입니다.

3. 유명인들의 묘비명

조지 버나드 쇼
_ George Bernard Shaw, 극작가, 1856~1950년

"우물쭈물 살다 내 이럴 줄 알았지."

어니스트 헤밍웨이
_ Ernest Hemingway, 소설가, 1899~1961년

"일어나지 못해 미안하오."

벤저민 프랭클린
_ Benjamin Franklin, 정치인, 1706~1790년

"출판업자 벤 프랭클린의 시신이 여기 벌레의 먹이로 누워 있다.
그러나 그의 업적은 사라지지 않을 것이니,
늘 새롭고 더 우아한 판으로 개정될 것이기 때문이다."

미켈란젤로 부오나로티
_ Michelangelo di Lodovico Buonarroti Simoni, 화가, 조각가, 1475~1564년

"아무것도 보지 않고 아무것도 듣지 않는 것만이 진실로 내가 원하는 것."

천상병
_ 시인, 1930~1993년

"나 하늘로 돌아가리라.
이 세상 소풍 끝내는 날. 가서 아름다웠다고 말하리라."

에이브러햄 링컨
_ Abraham Lincoln, 정치인, 1809~1865년

"국민의, 국민에 의한, 국민을 위한 정부는 영원할 것이다."

요한 하인리히 페스탈로치
_ Johann Heinrich Pestalozzi, 교육가, 1745~1827년

"모든 일을 남을 위해 했을 뿐, 그 자신을 위해서는 아무것도 하지 않았다."

노스트라다무스
_ Nostradamus, 철학자, 1503~1566년

"후세 사람들이여, 그의 휴식을 방해하지 마시오."

토머스 에디슨
_ Thomas Alva Edison, 발명가, 1847~1931년

"상상력, 큰 희망, 굳은 의지는 우리를 성공으로 이끌 것이다."

앤드루 카네기
_ Andrew Carnegie, 기업인, 1835~1919년

"자기보다 훌륭한 사람들을 곁에 모으는 기술을 가졌던 사람이 여기 잠들다."

프리드리히 니체
_ Friedrich Wilhelm Nietzsche, 철학자, 시인, 1844~1900년

"이제 나는 명령한다.
자라투스트라를 버리고 그대 자신을 발견할 것을."

스탕달
_ Stendhal, 소설가, 1783~1842년

"살았다, 썼다, 사랑했다."

기 드 모파상
_ Guy de Maupassant, 소설가, 1850~1893년

"나는 모든 것을 갖고자 했지만 결국 아무것도 갖지 못했다."

호머 헐버트
_ Homer Bezaleel Hulbert, 사학자, 1863~1949년

"나는 웨스트민스터 사원보다 한국 땅에 묻히기를 원하노라."

윌리엄 포크너
_ William Faulkner, 작가, 1897~1962년

"나의 야심은 역사에 묻혀 없어진 한 사람의 개체로 남는 것이다."

로널드 윌슨 레이건
_ Ronald Wilson Reagan, 정치인, 1911~2004년

"옳은 일은 언제나 궁극적으로 승리한다."

프랑수아 모리아크

_ Francois Mauriac, 소설가, 1885~1970년

"인생은 의미 있는 것이다. 행선지가 있으며, 가치가 있다."

르네 데카르트

_ Rene Descartes, 철학자, 수학자, 1596~1650년

"고로 여기 이 철학자는 영원히 존재할 것이다."

셔우드 앤더슨

_ Sherwood Anderson, 소설가, 1876~1941년

"죽음이 아니라 삶이야말로 위대한 모험이다."

키르케고르

_ Soren Aabye Kierkegaard, 철학자, 1813~1855년

"잠시 때가 지나면 그때 나는 승리하고 있으리라."

세바스찬 샹포르

_ Nicolas Sébastien de Chamfort, 작가, 1741~1794년

"40세가 되어도 인간이 싫어지지 않는 사람은
인간을 사랑한 일이 없는 사람이다."

라이너 마리아 릴케

_ Rainer Maria Rilke, 시인, 1875~1926년

"오, 장미여! 순수한 모순의 꽃."

프랭크 시내트라

_ Frank Sinatra, 가수, 영화배우, 1915~1998년

"최상의 것은 앞으로 올 것이다."

칼 마르크스

_ Karl Heinrich Marx, 작가, 1818~1883년

"만국의 노동자여, 단결하라."

조지 고든 바이런

_ George Gordon Byron, 시인, 1788~1824년

"그러나 나는 살았고, 헛되이 살지 않았다."

베네딕트 드 스피노자

_ Baruch de Spinoza, 작가, 1632~1677년

"신에 취한 사람 스피노자."

프랜시스 베이컨

_ Francis Bacon, 화가, 1909~1992년

"아는 것이 힘이다."

장 드 라퐁텐

_ Jean de La Fontaine, 시인, 동화작가, 1621~1695년

"장은 밑천과 수입을 모두 탕진하고 빈손으로 왔다가 빈손으로 갔노라."

윌리엄 버틀러 예이츠

_ William Bulter Yeats, 시인, 1865~1939년

"삶과 죽음에 차가운 눈길을 던져라, 마부여, 지나가라!"

프란츠 피터 슈베르트

_ Franz, Peter Schubert, 작곡가, 1797~1828년

"음악은 이곳에 소중한 보물을 묻었다."

프란츠 카프카

_ Franz Kafka, 소설가, 1883~1924년

"내면을 사랑한 이 사람에게 고뇌는 일상이었고,
글쓰기는 구원을 향한 간절한 기도의 한 형식이었다."

에밀리 디킨슨

_ Emily Elizabeth Dickinson, 시인, 1830~1886년

"돌아오라는 부름을 받았다."

디오판토스

_ Diophantos, 수학자, 246?~330?년

"보라! 여기에 디오판토스 일생의 기록이 있다."

볼프강 아마데우스 모차르트

_ Wolfgang, Amadeus Mozart, 작곡가, 1756~1791년

"우리는 묘비명이 아닌 음악으로 위대한 작곡가
볼프강 아마데우스 모차르트를 기억한다."

프랑수아 비용
_ Francois Villon, 시인, 1431~1463?년

"아무 쓸 데도 없는, 머리가 돈 부랑자는
우리 모두의 어머니인 대지에 몸을 되돌렸다."

라파엘로 산치오
_ Raffaello Sanzio, 화가, 건축가, 1483~1520년

"여기는 생전에 어머니 자연이 그에게 정복될까
두려워 떨게 만든 라파엘로의 무덤이다."

알렉산드로스 대왕
_ Alexander Ⅲ, 마케도니아의 왕, BC 356~323년

"용기 있게 살고 영원한 명성을 남기고 죽는 것은 아주 멋진 일이도다!"

윌리엄 셰익스피어
_ William Shakespeare, 극작가, 시인, 1564~1616년

"여기 묻힌 유해가 도굴되지 않도록 예수의 가호가 있기를."

아서 코난 도일
_ Arthur Conan Doyle, 소설가, 1859~1930년

"강철처럼 진실하고 칼날처럼 곧았다."

엘리자베스 1세
_ Elizabeth I, 잉글랜드의 여왕, 1533~1603년

"오직 한순간만 나의 것이었던 그 모든 것들."

게일 보든
_ Gail Borden, 발명가, 1801~1874년

"나는 시도하다 실패했다. 그러나 다시 또다시 시도해서 성공했다."

다른 분들의 묘비명이 어떠신가요?

혹시 마음에 드는 묘비명이 있으십니까?

제 개인적인 의견으로는 극작가인 조지 버나드 쇼의 "우물쭈물 살다 내 이 럴 줄 알았지."가 읽자마자 웃음이 나면서 가장 공감이 가면서 멋지게 느껴졌습니다. 그리고 가장 마음에 드는 묘비명은 천상병 시인의 "나 하늘로 돌아가리라. 이 세상 소풍 끝내는 날. 가서 아름다웠다고 말하리라."입니다.

이 글을 읽는 분들은 자신의 묘비명을 어떻게 쓰고 싶으십니까?

95세 생일을 맞이하며
어느 어르신의 고백

강성규

나는 젊었을 때
정말 열심히 일했습니다.
그 결과 나는 실력을 인정받았고
존경을 받았습니다.

그 덕에 65세 때 당당히 은퇴할 수 있었고
그런 내가 30년 후인 95세 생일 때
얼마나 후회의 눈물을 흘렸는지 모릅니다.

내 65년 생애는 사랑스럽고 떳떳했지만
이후 30년의 삶은 부끄럽고 후회되고
비통한 삶이었습니다.

나는 퇴직 후
'이제 다 살았다. 남은 인생은 그냥 덤이다.'라는 생각으로
그저 고통 없이 죽기만을 기다렸습니다.

덧없고 희망이 없는 삶.
그런 삶을 무려 30년이나 살았습니다.
지금 내 나이 95세로 보면
3분의 1에 해당하는 기나긴 시간입니다.
만일 내가 퇴직할 때

앞으로 30년을 더 살 수 있다고 생각했다면
난 정말 그렇게 살지는 않았을 것입니다.

그때 나 스스로가 늙었다고,
뭔가를 시작하기엔 늦었다고 생각했던 것이
큰 잘못이었습니다.

나는 지금 95살이지만 정신이 또렷합니다.
앞으로 10년, 20년을 더 살지 모릅니다.

이제 나는 하고 싶었던 어학 공부를
시작하려 합니다.
그 이유는 단 한 가지

10년 후 맞이하게 될 105번째 생일날
95살 때 왜 아무것도 하지 않았는지
후회하지 않기 위해서입니다.

강성규 박사
호서대학교 설립자. 100세에도 강단에 서다가 103세에 돌아가셨다.

제8장

우리 모두는 시한부다
버킷리스트와
엔딩노트를 작성하자

1. 버킷리스트

인생에서 꼭 이루고 싶은 것을 버킷리스트(Bucket List)라고 부릅니다, 이 말의 유래는 좀 섬뜩합니다. 버킷은 양동이란 뜻입니다, 중세시대에 교수형을 선고받은 죄수들이 교수대 위에 올라 버킷(양동이)을 밟고 올라서면 목에 올가미 밧줄을 걸은 후에, 곧 죽을 죄수에게 마지막 소원을 물어봅니다. 그리고 양동이를 걷어차서 사형을 집행하는 데서 유래했습니다. 버킷리스트의 유래를 알고 나니 함부로 버킷리스트를 입에 올려선 안 되겠다는 마음이 듭니다.

재작년쯤 어느 신문의 해외토픽란에 잠시 올랐던 소식입니다. 미국 미주리 (Missouri)주에서 102살 할머니가 경찰차에 압송되었습니다. 이유인즉, 경찰차를 타보는 것이 평생의 소원이던 할머니가 '버킷리스트'에 경찰에 체포돼보고 싶다고 적었고, 그 지역 경찰관들이 할머니의 소원을 들어주기 위해 깜짝 상황극을 벌인 것입니다. 한쪽 손목에 수갑을 차고 다른 손에 지팡이를 짚은 채, 흐뭇한 미소로 호송되는 할머니 사진을 보고 흐뭇했던 기억이 있습니다. 102살 할머니니까 용서가 됩니다. 아마도 그 할머니는 버킷리스트의 진짜 유래를 몰랐던 것 같습니다.

영화 〈버킷리스트: 죽기 전에 꼭 하고 싶은 것들(The Bucket List)〉은 2007

년에 개봉한 잭 니컬슨(Jack Nicholson)과 모건 프리먼(Morgan Freeman) 주연의 코미디 드라마 영화입니다. 영화 줄거리는 다음과 같습니다. 두 명의 말기 환자들(잭 니컬슨, 모건 프리먼)이 죽기 전에 꼭 해야 하는 일을 비롯한 그들만의 소원 목록을 작성하여 여행을 떠나는 내용입니다. 암에 걸려 6개월 시한부 선고를 받은 가난한 자동차 수리공 카터(모건 프리먼 역)는 '버킷리스트' 혹은 죽기 전에 해야 할 일 리스트를 쓰기 시작합니다. 하지만 자신의 형편을 생각하고는 버킷리스트를 버립니다. 다음날 같은 병실에 입원하고 있던 까칠하고 부유한 사업가 에드워드(잭 니컬슨 역)는 그 리스트를 발견하고 모든 항목을 한번 실현해 보자고 그를 설득합니다. 그리고 더 많은 항목을 추가하고 모든 비용을 지원해 주겠다고 합니다. 카터의 아내는 그를 말렸지만, 그는 에드워드의 제안에 동의합니다.

평소 같으면 전혀 어울릴 것 같지 않은 두 남자는 시한부 인생이라는 공통점을 갖고 세계여행을 시작합니다. 그들은 같이 스카이다이빙을 하고, 셸비 무스탕을 운전하고, 북극 위를 비행하기도 하고, 프랑스 레스토랑 'Chevre d'Or'에서 저녁 식사를 하고, 인도(India)의 타지마할(Taj Mahal)을 방문하고, 중국의 만리장성에서 오토바이를 몰기도 하고, 아프리카(Africa)의 사파리(safari)에서 모험을 즐기기도 합니다. 여행하면서 그들은 자신의 믿음과 가족사에 대해 서로에게 고백하는데, 카터는 그의 아내에 대한 사랑이 좀 식었고, 에드워드는 그의 외동딸과의 오랜 별거에 많은 상처를 받았다는 사실이 드러납니다. 외동딸은 아버지가 결혼을 반대했던 데다가, 다소 폭력적인 사위를 딸과 떨어뜨리려고 사람을 보낸 사실을 알고 아버지와 의절한 상태였습니다. 집으로 돌아오는 길에 카터는 에드워드와 그의 딸을 재회시키려 했지만, 에드워드가 불같이 화를 내면서 카터와의 여정을 마치게 됩니다. 카터는 그의 아내와 아이들과 손자들이 있는 소박한 집으로 돌아갔고, 그들은 서로 농담을 하며 가족끼리 단란하게 저녁을 먹습니다. 반면에 에드워드는 부터 나는 집에서 혼자 외롭게 냉동식품으로 저녁을 먹습니다.

집으로 돌아온 며칠 후, 카터는 발작을 일으키고 곧바로 응급실로 향하지만, 암이 뇌까지 퍼졌다는 최종 통보를 받습니다. 아직 차도가 있는 에드워드는 그에게 병문안을 가서 카터와 함께 떠났던 여행들을 회상합니다. 자신이 살날이 얼마 남지 않음을 예감한 카터는, 에드워드에게 버킷리스트의 남은 항목들을 마저 끝내라고 유언을 남깁니다. 카터는 결국 수술 중에 수술대에서 숨을 거둡니다.

카터가 죽었다는 소식이 에드워드에게 전해진 뒤, 그는 용기를 내어 딸과 화해를 시도합니다. 그녀는 그가 다시 찾아온 것을 반갑게 받아줄 뿐만 아니라 그가 생각지도 못한 손녀딸을 소개해 줍니다. 소녀와 인사를 나눈 후 그는 소녀의 이마에 키스합니다, 그리고 에드워드는 버킷리스트의 마지막 항목인 '세상에서 가장 아름다운 소녀에게 키스하기'를 지웁니다.

카터의 장례식에서 에드워드는 추도 연설을 합니다, 그는 카터와 낯선 사람으로 만났지만, 카터와 함께했던 마지막 석 달은, 그의 인생 최고의 시간이었다고 말합니다. 그리고 그는 '낯선 사람을 도와주기' 항목을 버킷리스트에서 지웁니다.

어찌 된 셈인지 영화의 에필로그에서는 에드워드가 81세까지 살았다는 것을 보여줍니다. 그리고 그의 비서 토머스는 에드워드가 죽은 뒤 그의 유골함을 히말라야(Himalayas)산맥으로 가져갑니다. 토머스가 캔을 또 다른 캔 옆에 놓고 버킷리스트의 마지막 항목 '정말 장엄한 것을 목격하기'를 지우고 그 리스트를 두 캔 사이에 끼워 넣습니다. 에드워드의 비서 토머스의 나레이션을 통해 그 두 캔은 그들의 유해를 담은 캔이고 에드워드는 이것을 아주 좋아할 것이라는 이야기가 나오면서 영화는 끝납니다.

하얀 눈이 쌓인 히말라야 산 어딘가에 놓인 카터와 에드워드의 유골재가 든 캔 두 개가 아주 인상적인 엔딩 장면으로 남는 영화입니다.

만약 어느 날 갑자기 시한부 인생을 선고받거나 예측할 수 없는 갑작스러운 죽음에 직면하게 된다면, 자신은 물론 남아있는 가족, 친구, 동료들에게도 충격일 것입니다. 무엇보다도 어느 날 갑자기 세상과 이별하고 세상에서 사라져 버린다면 분명 스스로도 깊은 회한과 억울함이 남을 것입니다.

하고 싶었던 일들을 적어가며 버킷리스트를 작성해 본 사람이라면, 놓치고 살았던 소중한 것들이 얼마나 많았는지 알게 될 것이며, 삶이 더 절실하게 다가오는 것을 느낄 수 있었을 것입니다. 버킷리스트는 그래서 필요합니다. 내가 별 의미 없이 보내고 있는 이 시간이 누군가에게는 병마와 싸우며 사랑하는 이들과의 이별을 준비하고 있는 소중한 시간인지도 모릅니다. 사는 동안 주어진 삶에 하루하루 최선을 다하는 것은 아직 살아있는 우리가 지켜야 할 최소한의 의무가 아닐까요?

자, 이제 당신의 버킷리스트를 적어 볼까요?

2. 존 고다드의
127가지 꿈의 목록

1944년 어느 비 내리는 오후, 열일곱 살의 소년 존 고다드(John Goddard)는 로스앤젤레스(Los Angeles)에 있는 자기 집 식탁에 앉아 하나의 계획을 떠올렸습니다. 존은 노란색 종이 한 장을 가져다가 맨 위에 〈나의 인생 목표〉라고 썼습니다. 그리고 제목 아래에다 127가지의 인생 목표를 적어 내려갔습니다.

1972년 미국 〈라이프(Life)〉 지가 존 고다드를 '꿈을 성취한 미국인'으로 대서특필했을 때, 그는 127개 목표 가운데 114개를 달성한 상태였고, 결국 1980년에는 우주비행사가 되어 달에 감으로써 115개를 달성하였습니다.

17살의 어린 소년이 그러한 당찬 목표들을 세우고 하나씩 실행하게 된 계기는 열다섯 살 때 우연히 자신의 할머니와 숙모가 한숨을 쉬며 "이것을 내가 젊었을 때 했더라면…"이라는 후회의 소리를 들은 이후라고 합니다.

"나는 커서 '무엇을 했더라면…'이라는 후회는 말아야지…"라고 생각한 작은 소년의 이 결심은 인생을 사는 동안 계속 실천으로 옮겨졌습니다. 그는 틀에 박힌 생활을 하고 싶지 않으며 끊임없이 자신의 한계에 대해 도전을 하고 싶었다고 합니다. 저 높은 창공을 나는 독수리처럼 말입니다.

"나는 내가 적은 127개 항목을 모두 다 이루려고 고민하지 않았습니다. 중요한 것은 내가 그렇게 살고 싶었다는 것입니다."

존 고다드의 고백입니다.

그런 말이 있습니다.

평범한 사람은 열심히 하는 사람을 못 이기고, 열심히 하는 사람은 잘하는 사람을 못 이기고, 잘하는 사람은 좋아서 하는 사람을 이기지 못한다는 말입니다. 좋아서 미쳐서 하는 사람을 누가 이기겠습니까?

존 고다드의 꿈의 목록을 한 번 살펴볼까요?

먼저 말씀드리자면, 존은 자신의 꿈 127개 중에서 115가지를 이뤘다고 합니다. 정말 대단한 사람입니다.

존 고다드의 꿈의 목록

1. 이집트 나일강(세계에서 제일 긴 강) 탐험하기

2. 남미의 아마존강(세계에서 두 번째로 긴 강) 탐험하기

3. 아프리카 중부의 콩고강 탐험하기

4. 미국 서부의 콜라라도강 탐험하기

5. 중국의 양쯔강 탐험하기

6. 서아프리카의 니제르강 탐험하기

7. 베네수엘라의 오리노코강 탐험하기

8. 니카라과의 리오코코강 탐험하기

9. 중앙아프리카의 콩고 탐험하기

10. 뉴기니섬 탐험하기

11. 브라질 여행하기

12. 인도네시아하기의 보르네오섬 탐험하기

13. 북아프리카의 수단 여행하기

14. 오스트레일리아 여행하기

15. 아프리카의 케냐 여행하기

16. 필리핀 여행하기

17. 탄자니아 여행하기

18. 에티오피아 여행하기

19. 서아프리카 여행(나이지리아 여행하기)

20. 알래스카 여행하기

21. 에베레스트산 등반하기

22. 아르헨티나의 아콩카과산(남미 최고봉 6,959km) 등반하기

23. 매킨리산(북미 최고봉 6,194km) 등반하기

24. 페루의 우아스카란산 등반하기

25. 킬리만자로산(아프리카 최고봉 5,895km) 등반하기

26. 터키의 아라라트산(노아의 방주가 닿은 곳이라고 알려진 산) 등반하기

27. 케냐산 등반하기

28. 뉴질랜드의 쿡산 등반하기

29. 멕시코의 포포카테페틀산 등반하기

30. 마터호른산(유럽에서 가장 험한 산) 등반하기

31. 라이너산 등반하기

32. 일본의 후지산 등반하기

33. 베수비어스산(이탈리아 마폴리 만 동쪽의 활화산) 등반하기

34. 자바섬의 브로모산 등반하기

35. 그랜드캐년 국립공원 가기

36. 캘리포니아의 볼더 산 등반하기

37. 의료 활동과 탐험 분야에서 경력 쌓기

38. 전 세계 모든 나라 여행하기(122개국 감)

39. 나바호족과 호피족 인디언 문화에 대해 배울 것

40. 비행기 조종술 배우기

41. 로즈 퍼레이드에서 말타기(캘리포니아에서 매년 5월마다 열리는 장미 축제 행렬)

42. 브라질과 아르헨티나 국경에 있는 이구아수 폭포 가기

43. 짐바브웨의 빅토리아 폭포 가기

44. 뉴질랜드의 서덜랜드 폭포 가기

45. 요세미티 폭포 가기

46. 나이아가라 폭포 가기

47. 마르코 폴로와 알렉산더 대왕의 원정길 가기

48. 미국 플로리다의 산호 암초 지대 탐험하기

49. 홍해 탐험하기

50. 오스트레일리아의 그레이트 배리어 리프 탐험하기

51. 피지 군도 여행하기

52. 바하마 군도 여행하기

53. 오케페노키 늪지대와 에버글레이즈 탐험하기

54. 북극과 남극 탐험하기

55. 중국의 만리장성 가기

56. 파나마 운하와 수에즈 운하 가기

57. 이스터섬(거석문화가 있는 곳) 가기

58. 갈라파고스 군도 가기

59. 바티칸 시 여행하기

60. 타지마할 묘 방문하기

61. 에펠탑 방문하기

62. 블루 그로토(이탈리아 카프리섬에 있는 작은 동굴) 탐험하기

63. 런던탑 방문하기

64. 피사의 사탑 방문하기

65. 멕시코 치첸이차의 성스런 동굴 탐험하기

66. 오스트레일리아의 아이어 암벽 등반하기

67. 요르단강을 따라 갈릴리 해에서 사해까지 가기

68. 빅토리아 호수 가기

69. 슈피리어 호수 가기

70. 탄자니아 호수 가기

71. 페루의 티티카카 호수 가기

72. 니카라과 호수 가기

73. 독수리 스카우트 단원 되기

74. 잠수함에서 다이빙하기

75. 항공모함에서 비행기를 조종하여 이륙하기

76. 소형 비행선, 열기구, 글라이더 타기

77. 코끼리, 낙타, 타조, 야생말 타기

78. 스카이다이빙으로 12m 해저 내려가서 2분 30초 동안 숨 참고 있기

79. 5kg짜리 바닷가재와 30cm 전복 잡기

80. 플루트와 바이올린 배우기

81. 1분에 50자 타자치기

82. 낙하산 타고 뛰어내리기

83. 눈 위와 물 위에서 스키 배우기

84. 복음 전도 사업 참여하기

85. 탐험가 존 뮤어의 탐험길 체험하기

86. 원시 부족의 의학품을 공부하고 유용한 것들 활용하기

87. 코끼리, 사자, 코뿔소, 케이프 버팔로, 고래 촬영하기

88. 펜싱 배우기

89. 주짓수 배우기(일본 전국시대 무술로 브라질에서 더욱 발전함)

90. 대학교에서 강의하기

91. 발리섬의 장례 의식 참관하기

92. 해저 세계 탐험하기

93. 타잔 영화에 출연하기

94. 말, 침팬지, 치타, 오실롯, 코요테 키워보기(침팬지, 치타 못 키워 봄)

95. 마나추어 햄 무선국의 회원 되기

96. 나만의 천체망원경 세우기

97. 나일강 탐험에 관한 책 쓰기

98. <내셔널 지오그래픽>에 기사 쓰기

99. 높이뛰기 1m 50cm 성공하기

100. 멀리뛰기 4m 50m 성공하기

101. 1.6km(1마일)를 5분 안에 달리기

102. 어른이 되면 몸무게 80kg 유지하기

103. 윗몸일으키기 200회, 턱걸이 20회 유지

104. 프랑스어, 스페인어, 아랍어 배우기

105. 코모도섬에 가서 코모도왕도마뱀 생태 연구하기

106. 덴마크에 있는 소렌슨 외할아버지의 고향 방문하기

107. 영국에 있는 고다트 할아버지의 고향 방문하기

108. 선원 자격으로 화물선에 타보기

109. 브리태니커 백과사전 전권 읽기

110. 성경을 앞장에서 뒷장까지 다 읽기

111. 셰익스피어, 플라톤, 아리스토텔레스, 찰스 디킨스, 헨리 데이비스 소로우, 에드거 앨런 포우, 루소, 베이컨, 헤밍웨이, 마크 트웨인, 버로스, 조지프 콘래드, 탈메이지, 톨스토이, 롱펠로우, 존 키츠, 휘티어, 에머슨 작품 읽기

112. 바흐, 베토벤, 드뷔시, 이베르, 멘델스존, 랄로, 림스키코른사코프, 레스피기, 리스트, 라흐마니노프, 스트라빈스크, 토흐, 차이콥스키, 베르디의 음악 작품들과 친해지기

113. 비행기, 오토바이, 트랙터, 윈드서핑, 권총, 엽총, 카누, 현미경, 축구, 농구, 활쏘기, 부메랑 능숙하게 다루기

114. 작곡하기

115. 피아노로 베토벤의 '월광' 연주하기

116. 불 위를 걷는 의식 구경하기(발리섬과 남미의 수리남에서 보았음)

117. 독사에게서 독 빼내기

118. 22구경 권총으로 성냥불 켜기

119. 영화 스튜디오 구경하기

120. 쿠푸(고대 이집트 제4왕조의 2대 파라오)의 피라미드 오르기

121. 탐험가 클럽과 모험가 클럽 회원으로 가입하기

122. 폴로 경기하는 법 배우기

123. 걷거나 배를 타고 그랜드 캐니언 여행하기

124. 세계 일주하기(네 차례나 일주 마침)

125. 달 여행하기

126. 결혼해서 아이들 낳기(두 아들과 네 딸이 있음)

127. 21세기에 살아보기

* 밑줄로 표시된 꿈들은 그가 미처 이루지 못한 꿈입니다.

3. 엔딩노트

몇 년 전 일본에서는 '엔딩노트(ending note) 쓰기'가 유행했습니다. 엔딩노트를 쓰는 것은 자신의 삶을 되돌아보게 만들 수 있어 큰 반향을 불러 일으켰다고 합니다.

우리나라에서도 버킷리스트와 더불어 '엔딩노트'란 말이 각 포털 사이트의 일일 검색어 순위 1위에 오르기도 했습니다. 그만큼 자신의 지난 삶을 돌아보며, 보다 나은 삶을 살고 싶은 마음과 자신의 삶을 온전히 정리해보고 싶다는 많은 사람의 열망이 바다 건너 우리에게도 이어진 것으로 보입니다. 사람은 누구나 자신의 이야기를 정리하고 그 이야기를 소중한 누군가에게 남기고 싶어 합니다. 엔딩노트는 유언보다 가볍고, 편안하게 자신의 솔직한 마음을 담아내며 인생의 마지막을 준비하기에 더 없이 좋을 수단입니다. 엔딩노트를 쓰면 지금까지 살아온 날들을 중간 점검하고, 앞으로 살아갈 날들을 다시 설계하는 데 좋을 것 같습니다.

엔딩노트 작성법은 다음과 같습니다. 일단 문방구로 달려가서 자신의 취향에 따라 너무 두껍지 않은 대학노트나 그보다 살짝 작은 노트를 한 권 삽니다. 그리고 노트 맨 앞장 표지에 〈나의 엔딩노트〉라고 큼직하게 적습니다. 이제 〈나의 엔딩노트〉는 세상에서 단 한 권뿐인 노트가 됩니다.

엔딩노트 내용

첫째 장

내 기본정보

※ 이름:

※ 전화번호:

※ 주소:

※ 생년월일:

※ 혈액형:

※ 태어난 곳:

※ 키, 몸무게, 시력:

※ 종교:

※ 가족:

※ 직업:

※ 비상연락처, 이름:

※ 좌우명:

※ 자동차:

※ 좋아하는 색:

※ 존경하는 인물:

※ 내 성격:

※ 내 장단점:

※ 가장 감명 깊었던 영화와 그 이유:

※ 가장 좋아하는 음식:

※ 그동안 여행 갔던 나라:

※ 죽기 전 꼭 가보고 싶은 나라나 장소:

※ 보고 싶은 사람:

※ 살아오면서 가장 기뻤던 순간:

※ 살아오면서 가장 슬펐던 일:

※ 살아오면서 가장 힘들었던 일:

※ 살아오면서 가장 후회스러웠던 일:

※ 용서하거나 용서받고 싶은 일:

둘째 장

내 사진 붙이기 + 내 DNA 남기기

(비닐 봉투에 모근이 달린 머리카락이나 손톱 깍은 것을 넣어 붙임)

※ 아기 때 사진:

※ 10대 때 사진:

※ 20대 때 사진:

※ 30대 때 사진:

※ 40대 때 사진:

※ 현재 사진:

※ 미리 정한 내 영정사진:

버킷리스트 작성

(나이만큼 적기. 반드시 구체적으로 적을 것, 본문 참조.)

넷째 장

소중한 사람들에게 편지쓰기

※ 배우자:

※ 자녀:

※ 친구:

※ 그 외:

다섯째 장

최근에 받은 건강진단서 첨부하기

미리 쓰는 유언장(민법이 규정하는 유언의 방식에 따름)

※ 자필유언의 경우, 이름, 주민등록번호, 주소, 작성일, 작성 장소, 본인 날인의 6가지 항목이 전부 있어야 법적으로 효과가 있음(한 가지라도 빠지면 무효이니 유의할 것).

일곱째 장

재산과 채무 관련 내용, 가입한 보험 리스트,
신용카드 리스트

여덟째 장

사전연명의료의향서(양식 참조)

■ 호스피스·완화의료 및 임종과정에 있는 환자의 연명의료결정에 관한 법률 시행규칙 [별지 제1호서식]   (앞쪽)

연명의료계획서

※ 색상이 어두운 부분은 작성하지 않으며, [ ]에는 해당되는 곳에 √표를 합니다

| 등록번호 | | ✿ 등록번호는 의료기관에서 부여합니다. |

환자	성 명		주민등록번호	
	주 소			
	전화번호			
	환자 상태	[ ] 말기환자		[ ] 임종과정에 있는 환자

담당의사	성 명	면허번호
	소속 의료기관	

연명의료 중단등결정 (항목별로 선택합니다)	[ ] 심폐소생술	[ ] 인공호흡기 착용
	[ ] 혈액투석	[ ] 항암제 투여

호스피스의 이용 계획	[ ] 이용 의향이 있음	[ ] 이용 의향이 없음

담당의사 설명사항 확인	설명 사항	[ ] 환자의 질병 상태와 치료방법에 관한 사항
		[ ] 연명의료의 시행방법 및 연명의료중단등결정에 관한 사항
		[ ] 호스피스의 선택 및 이용에 관한 사항
		[ ] 연명의료계획서의 작성·등록·보관 및 통보에 관한 사항
		[ ] 연명의료계획서의 변경·철회 및 그에 따른 조치에 관한 사항
		[ ] 의료기관윤리위원회의 이용에 관한 사항
	확인 방법	[ ] 서명 또는 기명날인 년 월 일 성명 (서명 또는 인)
		[ ] 녹화
		[ ] 녹취
		※ 법정대리인 년 월 일 성명 (서명 또는 인) (환자가 미성년자인 경우에만 해당합니다)

환자 사망 전 열람허용 여부	[ ] 열람 가능 [ ] 열람 거부 [ ] 그 밖의 의견

「호스피스·완화의료 및 임종과정에 있는 환자의 연명의료결정에 관한 법률」 제10조 및 같은 법 시행규칙 제3조에 따라 위와 같이 연명의료계획서를 작성합니다.

년   월   일

담당의사   (서명 또는 인)

210mm×297mm[백상지(80g/㎡) 또는 중질지(80g/㎡)]

아홉째 장

사전장례의향서(나의 장례계획)

※ 임종장소 - 집, 요양원. 병원, 호스피스병원.

※ 장례식장소 - 병원장례식장, 전문장례식장, 종교시설.

※ 장례방법 - 매장, 화장 후 납골당, 화장 후 자연장.

※ 자연장 - 수목장, 잔디장, 기타 방식.

※ 꽃장식 - 흰 국화, 붉은 장미꽃 등 좋아하는 꽃을 구체적으로 지정.

※ 음악 - 찬송가, 염불 소리, 클래식 음악 등 좋아하는 음악 지정.

※ 수의 - 수의, 한복, 좋아하던 평상복 지정.

※ 영정사진 - 자신의 특정 사진 지정.

※ 관에 넣고 싶은 물건.

※ 종교가 있으면 지정 -기독교식, 불교식, 천주교식 등.

※ **내 장례식에 꼭 초대하고 싶은 사람 리스트** - 이름, 연락처, 주소, 나이, 나와의 관계.

내 묘비명 적기

※ 매장이면 묘비명으로, 화장이면 납골당 앞의 문구로.

열한 번째 장

기부 관련 사항

※ 재산의 일부나 부동산 일부 사회시설이나 복지시설 기부, 시신 기부, 장기 기증 등.

살다 보면 〈나의 엔딩노트〉는 매년 수정할 내용이 나올 겁니다. 그럼 그때마다 수정하시면 됩니다. 세상에서 단 하나뿐인 〈나의 엔딩노트〉는 우리의 삶을 더 가치 있고 의미 있게 살도록 도울 것입니다.

4. 미리 쓰는 유언장

    팔순이 넘는 나이에도 왕성한 활동을 하고 계신 정신과 의사였던 이시형 박사는 그동안 매년 책을 내서 80권이 넘는 책을 펴냈습니다. 참 부지런한 분인 것 같습니다. 저도 그분의 책을 많이 읽었습니다.

    그는 유언장도 벌써 써 놓았다고 하는데, 매년 새해가 되면 유언장을 조금씩 고쳐 쓴다고 합니다.

    이시형 박사는 잘 죽는다는 것이 잘산다는 의미라고 말합니다. 그가 이미 써놓은 유언장에는 자신이 사망하면 장기 기증을 하고 가까운 의과대학에 시신을 기증하도록 해 놓았다고 합니다. 그의 유언이 섭섭하다는 자식들의 말에 따라 그의 사후에 **산에 조그마한 나무패를 세우기로 했다는데, 그 크기가 지나가던 토끼가 넘어지지 않도록 나지막하게 세워야 한다**고 했답니다. 지나가던 토끼가 넘어지지 않도록 나지막하게 나무묘비를 만들라니, 정말 배려심이 많은 분 같습니다.

    이시형 박사는 멋지게 나이 들어가는 사람 중의 한 분처럼 느껴집니다. 책 읽는 것을 좋아하는 분들은 그분의 책을 적어도 몇 권쯤은 읽었으리라 생각합니다. 그분은 평생을 정신과 전문의로서 사람들의 '화병'이라든지 '콤플렉스' 같은 마음의 상처를 치유하는 데 열심이었고, 요즘은 힐링에 관심이 많으시답니다.

어느 인터뷰에서 그의 인생 목표가 열심히 사는 것이라는 글을 읽었습니다.

"나는 이 사회에 평생 빚을 지고 살았다. 책을 쓰면 읽어줄 독자가 있고 환자가 있고 강연하면 들어줄 청중이 있었다. 보이지 않는 고마운 손들이 여기까지 이끌어주었다. 나는 한국사회에, 나아가 인류에 많은 빚을 진 빚쟁이다. 그래서 열정적으로 살아야 한다."는 인터뷰였습니다.

그는 비록 자신이 큰일은 못했지만 좋은 일을 많이 하고 남에게 베풀기 위해 최선을 다한 사람으로 기억되었으면 좋겠다고 합니다.

새해 아침에 유언장을 읽어보고 고쳐 쓰다 보면, 덤으로 사는 삶 같아서 더욱 열심히 살게 된다는 팔순의 이시형 박사. 앞으로도 좋은 책들 많이 발간해 주셨으면 좋겠습니다.

민법이 규정하는 유언방식 5가지

유언이 법적인 효력을 가지려면 민법에서 정한 5가지 방식(자필증서, 녹음, 공정증서, 비밀증서, 구수증서) 중의 하나를 선택해야 합니다. 재산이 어느 정도 있는 사람들이 사망한 후, 가족들이 유산분쟁에 휘말리는 경우가 적지 않습니다. 현재로서는 공정증서에 의한 유언이 가장 안전하게 보입니다 자필유언이나 녹음유언, 구수유언(口授遺言), 비밀유언의 경우, 필적이 가짜라고 하거나 치매로 심신이 불안정한 상태에서 유언장을 썼다고 소송을 거는 가족들도 있기 때문입니다. 그러므로 될 수 있으면 유언장을 작성하기 전, 후의 모습을 촬영해 파일로 보관하면 좋습니다. 판단력이 멀쩡한 상황에서 자유의지로 유언했다는 증명이 될 테니까요.

또 우리 민법에서는 만 17세 미만의 미성년자, 금치산자(禁治産者), 한정치산자(限定治産者)의 유언은 인정하지 않습니다. 증인의 경우 유언을 하여 이익을 얻게 되는 사람이나 그 배우자, 직계혈족은 유언의 증인이 될 수 없음을 꼭 기억하셔야 합니다.

우리 민법에서 인정하는 유언은 자필증서, 녹음, 공정증서, 비밀증서, 구수증서의 총 5가지입니다. 그중에서 유언하는 사람이 편한 것을 선택하면 됩니다.

민법 제1066조 (자필증서에 의한 유언)
① 자필증서에 의한 유언은 유언자가 그 전문과 년, 월, 일, 주소, 성명을 자서(自書)하고 직접 날인하여야 한다. **(6가지 중 하나만 빠져도 무효. 특히 주소를 쓰는 것에 유의하고 유언장 원본이 아닌 복사본에 날인하면 유언으로서 효력이 없음)**
② 전항의 증서에 문자의 삽입, 삭제 또는 변경을 함에는 유언자가 이를 자서하고 날인하여야 한다. **(직접 유언장을 쓰고 직접 서명하라는 의미)**

민법 제1067조 (녹음에 의한 유언)
녹음에 의한 유언은 유언자가 유언의 취지, 그 성명과 연월일을 구술하고 이에 참여한 증인이 유언의 정확함과 그 성명을 구술하여야 한다.

(요즘 스마트폰으로 동영상을 촬영하기도 하는데 이는 녹음유언의 일종으로 역시 위의 6가지를 빠짐없이 말하고 녹음해야 합니다.)

민법 제1068조 (공정증서에 의한 유언)

공정증서에 의한 유언은 유언자가 증인 2인이 참여한 공증인의 면전에서 유언의 취지를 구수하고 공증인이 이를 필기 낭독하여 유언자의 증인이 그 정확함을 승인한 후 각자 서명 또는 기명날인하여야 한다.

민법 제1069조 (비밀증서에 의한 유언)

① 비밀증서에 의한 유언은 유언자가 필자의 성명을 기입한 증서를 엄봉날 인하고 이를 2인 이상의 증인의 면전에 제출하여 자기의 유언서임을 표 시한 후, 그 봉서표면에 제출 연월일을 기재하고 유언자와 증인이 각자 서명 또는 기명날인하여야 한다.

② 전항의 방식에 의한 유언봉서는 그 표면에 기재한 날로부터 5일 내에 공증인 또는 법원 서기에게 제출하여 그 봉인상의 확정일자를 받아야 한다.

(만일 방식에 흠결이 있는 경우라도, 자필증서의 방식에 적합하다면, 자필증서에 의한 유언으로 취급합니다. - 민법 제1071조)

민법 제1070조 (구수증서에 의한 유언)

① 구수증서에 의한 유언은 질병 기타 급박한 사유로 인하여 전 4조의 방 식으로 의할 수 없는 경우 유언자가 2인 이상의 증인 참여로 그 1인에 게 유언의 취지를 구수하고 그 구술 받은 자가 이를 필기 낭독하여 유

언자의 증인이 그 정확함을 승인한 후 각자 서명 또는 기명날인[6]하여
야 한다.

② 전항의 방식에 의한 유언은 그 증인 또는 이해관계인이 급박한 사유로
종료한 날로부터 7일 이내에 법원에 그 검인을 신청하여야 한다.

③ 제1063조 제2항의 규정은 구수증서에 의한 유언에 적용하지 아니한다.
**(질병 기타 급박한 사유에 있는 경우에 한합니다. 유언자가 말로
유언하면 이를 들은 사람이 받아쓰고 낭독을 하여 유언자와 증
인이 그 정확함을 승인하고 서명 또는 *기명날인하여야 합니다.
이때 유언자의 서명은 반드시 자필이어야 하고 기명날인은 다른
사람이 대신할 수 있습니다.)**

민법 제1072조 (증인의 결격사유)

① 다음 각호에 해당하는 사람은 유언에 참여하는 증인이 되지 못한다.

1. 미성년자

2. 피성년 후견인[7]과 피한정 후견인[8]

3. 유언으로 이익을 받을 사람, 그의 배우자와 직계혈족

② 공정증서에 의한 유언에는 공증인법에 따른 결격자는 증인이 되지 못
한다.

---

6) 기명날인: 이름을 쓰고 도장을 찍는 것.

7) 피성년 후견인: 질병, 장애, 노령 그 밖의 사유 인한 정신적 제약으로 사무를 처리할 능력이 지속적으로 결여된 사
람으로서 가정법원으로부터 성년후견개시 심판을 받은 사람(민법 9조).

8) 피한정 후견인: 가정법원으로부터 한정후견개시의 심판을 받은 사람으로서 한정치산자에 해당.

5. 상속 한정 승인시
구비서류

　경제적으로 힘든 상황에 처했을 때 사망할 경우, 빚을 남기는 사람들이 적지 않습니다. 아무것도 모르고 유산을 덜컥 받았다가 받을 유산보다 빚이 더 많아 곤란한 경우가 생길 수도 있습니다.

　이렇게 상속재산보다 상속채무가 많을 때는, **상속포기**를 하거나 상속재산의 범위 안에서 상속채무를 변제할 수 있는 **한정승인**을 하면 됩니다.

　한정승인은 피상속인의 사망으로 상속이 개시된 사실을 안 날로부터 3개월 이내에 할 수 있습니다. 사망한 지 3개월이 넘더라도 상속채무가 상속재산을 초과하는 사실을 안 날로부터 3개월 이내에 한정승인이 가능합니다. 이를 특별한정승인이라고 합니다(민법 제1019조 제13항).

　가정법원에 한정승인을 신청할 때 필요한 서류는 다음과 같습니다.

피상속인(사망자)
　① 기본증명서 1통
　② 가족관계증명서 1통
　③ 주민등록 말소자 등본 1통(2008년 1월 1일 이전에 사망한 경우, ①, ② 대신 제적
　　　등본 1통)

(만일 상속인 중 1명은 한정승인, 나머지는 상속포기를 하는 경우에는 사망자의 서류를 2통씩 준비해야 합니다.)

상속인(각자 준비)
　① 인감증명서, 인감도장
　② 가족관계증명서
　③ 주민등록등본

재산목록 관계 서류(재산과 부채 내용을 알 수 있는 서류)
　예를 들어 부동산등기부등본, 자동차등록원부(또는 자동차 등록증사본), 금융감독원 상속재산 조회 결과지 등
　(부채증명서는 특별한정승인의 경우에만 필요합니다.)

자화상自畵像

윤동주

산모퉁이를 돌아 논가 외딴 우물을 홀로 찾아가선
가만히 들여다봅니다.

우물 속에는 달이 밝고 구름이 흐르고 하늘이
펼치고 파아란 바람이 불고 가을이 있습니다.

그리고 한 사나이가 있습니다.
어쩐지 그 사나이가 미워져 돌아갑니다.

돌아가다 생각하니 그 사나이가 가엾어집니다.
도로 가 들여다보니 사나이는 그대로 있습니다.

다시 그 사나이가 미워져 돌아갑니다.
돌아가다 생각하니 그 사나이가 그리워집니다.

우물 속에는 달이 밝고 구름이 흐르고
하늘이 펼치고 파아란 바람이 불고 가을이 있고
추억처럼 사나이가 있습니다.

_ 『하늘과 바람과 별과 시』(1948. 9)

윤동주(시인, 독립운동가, 1917~1945년)

29세의 젊은 나이로 광복을 6개월 앞두고 일본의 후쿠오카 감옥에서 돌아가신 저항 시인.

윤동주가 옥사하고 3년 뒤에 『하늘과 바람과 별과 시』로 그의 시들이 출간되었음. 일제강점기 말의 암울한 민족 현실을 시로 극복하려던 뛰어난 서정 시인.

〈자화상〉은 가을날 맑은 우물을 통하여 도달하지 못한 세계에 대한 슬픔과 외로움과 미움에 대한 자각, 자연과 인간의 삶에 대한 성찰의 자세를 보여준다.

제9장

이제 삶은
이모작, 삼모작이 대세다

우리는 흔히 "내 얘기를 글로 쓰면 책 몇 권은 될 거야."라고 이야기합니다. 그런데 막상 자기 이야기를 책 몇 권이 아니라 단 몇 장도 실제로 쓰는 사람은 드뭅니다. 남의 이야기만 듣고 남의 이야기만 읽는 것은 솔직히 재미없고 지루하기까지 합니다. 이제 자신의 이야기를 써보고, 그동안 자신이 어떻게 살아왔는지 자신을 돌아보아야 할 시간입니다.

그동안 앞만 보고 정말 열심히 달려온 당신에게 박수 치고 싶습니다.
당신이 이룬 부와 명예, 단란한 가족⋯. 감동적입니다. 고생하셨습니다.

이제 인생 후반기는 좀 내려놓고, 지금까지와는 좀 다르게 살아봐야지요.
우리가 가장으로서, 부모로서 자식으로서 생의 의무를 이행하느라, 힘에 부쳐 살짝 옆으로 밀어 놓았던 **'내가 정말 살고 싶은 가슴 떨리는 삶'**을 살아가야 합니다.

그동안 살았던 인생 전반기를 정리해야, 인생 후반기를 다르게 시작할 힘이 생기잖아요.

좀 더 비약하자면, 그동안 열심히 살았던 나는 어제로써 지구를 떠났고, 오늘 나는 다시 태어난 거라고 생각하고 이제 우리 자신을 조금만 더 소중히 여기면서 살기로 해요.

이 아름다운 초록별 지구를 떠날 때는 가슴 시린 추억 몇 줌 안고 혼자 떠나야 하니 말입니다.

1. 자서전을 직접 써보자

사진첩 자서전

　사진은 없는 분들이 없으니 사진첩으로 만드는 자서전은 가장 손쉬운 이야기책이 됩니다. 가지고 있는 사진들을 이용해서 내 이야기를 쓰면 됩니다.

　집마다 사진첩이 몇 권에서 수십 권에 이르는 사람들도 있습니다. 그러나 어차피 세월이 가면 버리거나 폐기해야 하는 때가 옵니다. 책 한 권 분량으로 사진을 간추려서 시간의 흐름대로 정리해서 간단한 코멘트와 함께 가지고 있는 것도 괜찮을 것 같습니다.

　인터넷에서 사진으로 사진 책자를 만들어 주는 곳이 많으니 한 번 시도해보기 바랍니다. 아니면 직접 만들어도 좋습니다.

　혹시 집에 불이 나거나 지진이 나거나 하는 비상사태 때, 집에서 꼭 가지고 나올 필수 품목에 사진자서전 한 권도 넣을 수 있도록 말입니다.

동영상 자서전

인생의 중요한 순간마다 비디오카메라나 휴대폰으로 동영상을 찍는 사람들이 적지 않습니다. 동영상 자서전은 그동안 모아 놓은 동영상을 편집해서 만드는 자서전입니다. 만든 후에는 지금부터 또 계속 찍어나가면 됩니다.

요즘은 휴대폰에 동영상 기능이 있고 사용 방법도 쉬우니 예전보다 많은 사람이 이 방법을 사용할 수 있습니다. 어쩌면 한 편의 근사한 다큐멘터리 영화 한 편이 탄생할지도 모릅니다.

혹시 동영상이 없는 분들은 사진을 시간대별로 분류해서 동영상으로 만드는 방법도 있습니다. 본인이 사진에 대해 가족에게 설명하고 휴대폰 동영상으로 찍어달라고 하면 되니까요. 결혼식이나 돌잔치에 가면 둘이 사귈 때 찍은 사진이나 아이를 찍은 사진으로 만든 동영상을 틀어주는데, 좋아 보입니다.

앞에서 이야기한 것처럼 이러한 동영상 자서전은 자신의 장례식 때 장례식장에서 계속 상영하고 또 장지로 가는 장의 버스 속에서 상영해도 의미가 있을 것 같습니다. 무엇보다도 고인이 그리울 때 남은 가족들이 보면서 추억할 수 있도록 말입니다.

잡지 스타일 자서전

잡지 스타일 자서전은 만화도 그리고 사진도 붙이고 다양한 형태로 구성하는 자서전입니다. 자신이 가진 자료대로, 무엇보다도 자신이 마음대로 만들면 됩니다. 한 번 도전해 보세요.

문고판 자서전

자서전을 꼭 책으로 출판해서 자신의 이야기를 책 형태로 남기고 싶은 사람들도 있습니다. 솔직히 서점에서 파는 것 같은 형태의 자서전은 비용도 많이 들고 글을 써야 할 분량도 만만치 않습니다.

이것이 부담스러운 분들은 보통 책의 5분의 1 정도로 분량도 줄이고 크기도 줄여서 문고판으로 자서전을 제작하면 좋습니다. 요즘은 인터넷에 문고판 정도의 책은 스스로 만들 수 있게끔 프로그램들도 나와 있고, 근처 인쇄소에 문의하면 저렴하게 제작할 수 있으니 꼭 시도해 보기 바랍니다. 환갑이나 칠순, 팔순, 100세 생일에 가족과 친지, 친구들에게도 기념으로 나눠주시면 멋지겠죠?

시집詩集 자서전

감수성이 예민한 학창시절에 문학소녀나 문학소년이 아니었던 사람은 아마도 드물 겁니다. 그때로 돌아가 자신의 인생을 짤막하게 시(詩)로 표현해 보세요. 시는 시인의 마음에 따라 쓸 수 있습니다.

만약 이것이 부담된다면 자신이 좋아하는 다른 사람의 시를 적어서 자신의 그때그때 마음을 표현하면 됩니다.

누군가 '인생은 한여름 밤에 꾼 꿈'이라고 했습니다. 맞습니다. 어느 정도 나이 들고 보면 정말 세월이, 시간이 빨리 지나가는 걸 실감합니다. 자녀들에게, 주위 사람들에게 내가 이렇게 열심히 이런 생각을 하면서 살아왔다는 걸 한 권의 작은 책으로 남겨 보면 어떨까요?

혹시 우리가 이 푸른 지구별을 떠났을 때, 우리가 직접 만든 내 이야기책을 자녀나 친한 이들이 보면서 나를 기억해주고 잠시지만 그리워해 주면 잘 살다 간 거 아닐까요? 누군가의 가슴 속에 살아있는 것이 진짜 살아있는 거니까요.

당신은 누구의 가슴 속에서 가끔씩 살아있고 싶습니까?

2. 당신의 진정한
재산목록 1호는 무엇입니까?

만약 당신이 살고 있는 집에서 딱 한 가지만 가지고 나간다면, 당신은 무엇을 가장 먼저 챙겨 나가겠습니까? 아마 당신의 삶을 바꾼 그 무언가가 아닐까요?

누군가에게 재산목록 1호를 물으면, 10명 중 9명은 가족이라고 대답합니다. 그렇다면 일단 가족은 제외하고, 자기 자신마저도 배제하고, 부동산과 보험, 주식 같은 유가증권을 제외하고, 만약 집에서 딱 한 가지를 가지고 나갈 수 있다면 그것은 무엇입니까? 오늘의 당신을 만들고, 당신의 삶을 변하게 만든 그 무언가 말입니다.

제가 먼저 고백하자면, 저는 지난 1980년도부터 30년 넘게 써온 노트가 있습니다. 60장짜리, A4 용지 크기의 대학노트입니다. 여러 권이 있는데 노트마다 맨 앞장엔 굵은 매직으로 번호를 매기고, 그 당시 내가 가장 중요하다고 생각하는 신조를 적습니다. 그리고 노트 앞쪽에는 제가 원하는 글을 쓰고, 노트 뒤쪽에는 기존의 괜찮은 글귀나 어구 같은 것을 옮겨 적습니다. 앞뒤로 써가는 글이 보통 노트 가운데쯤에서 만나면, 한 권의 〈나의 노트〉가 완성됩니다. 저는 이제 77권째의 〈나의 노트〉를 쓰는 중입니다. 그 노트들이 진정한 의미의 제 재산목록 1호입니다.

감성이 넘칠 때, 혹은 읽은 책이 많아 노트에 베껴 적은 글귀들이 많을 때는, 한 달에 한 권을 쓴 적도 있습니다. 약 30년 넘게 77권의 〈나의 노트〉를 썼으니 일 년에 평균 2권은 적은 셈입니다.

이 노트들은 집에 불이 난다면 가장 먼저 챙겨 들고 나갈 저의 '보물'입니다. 지금은 비록 서재 한 모퉁이에 꽂혀 있지만, 그 노트들 속에는 그동안의 저의 삶이 들어있습니다. 10대, 20대, 30대…. 저의 청춘과 인간적인 고뇌와 갈등이 들어있습니다. 누가 알아주든 몰라주든 간에, 전 아마도 죽을 때까지 그 노트를 계속 쓸 것입니다.

가끔 오래된 노트 안을 들여다보면 수필처럼 심플하게 쓴 글이지만, 그 당시의 저를 오밀조밀하게 느낄 수 있습니다. 반대로 〈나의 노트〉를 뒤편에서 한 장씩 넘기다 보면, 그 당시 제가 감동한 책들이 나타납니다. 저는 멋진 글귀만 보면 무한대의 감동을 느끼는 인간인지라, 신문 광고나 잡지에서 보는 짧은 문장이나 광고 문구 한 줄도 잘 옮겨 적어 놓곤 합니다.

그렇게 제가 거의 30년을 그렇게 옮겨놓은 글들이, 어느새 제 몸속에 녹아서 지금은 피가 되고 살이 되어, 저도 모르게 어떤 주제를 생각만 해도 자동으로 후닥닥 글로 튀어나오곤 합니다. 소가 풀을 먹고 우유를 내놓는 격이라고나 할까요? 그런 과정과 시간이 제가 10년이 넘는 방송작가 생활을 유지하게 만든 것이리라 생각됩니다. 제게 있어서 글 쓰는 것은 일종의 습관이나 중독처럼 느껴집니다.

'서태지와 아이들'이 한참 인기를 끌던 1994년 겨울, 저는 2년여의 미국 생활을 끝내고 부산으로 돌아왔습니다. 이미 결혼도 했고, 나이도 많고, 아이까지 있는 제가 취직을 할 곳은 별로 없었습니다.

마침 부산 MBC 작가 모집 광고를 보고 여기에 응모하게 됐는데, 그때도 역시 여대생들 취직자리가 귀하던 때라 작가 지망생들이 구름같이 모였습니다. 그때는 부산 MBC가 민락동 새 사옥으로 옮기기 전이라 중앙동에 있었는데, 강당이 좁아 옆에 있던 태양아트홀에서 시험을 쳤습니다.

180명이 응시해서 2차, 3차 마지막 면접에서는 10명 정도가 남았습니다. 다들 대학을 갓 졸업했지만, 저는 그들보다 나이도 많았고 아줌마였습니다. 지금이야 아줌마들이 대세지만, 그때만 해도 결혼하면 직장을 그만두는 경우가 많았습니다. 지원자들을 보니 다들 만만치 않아 보였습니다. 그래서 저는 제가 가진 불리한 점들을 장점으로 활용하기로 결심했습니다.

저는 마지막 면접 때, 면접관들에게 꼭 할 말이 있다고 했습니다. 그때 제가 쓰던 〈나의 노트〉를 보여주며 20년 가까이 써 온 노트라며 준비된 작가임을 부각했고, 합격하면 목숨 걸고 열심히 하겠다고 꼭 뽑아달라고 아주 절실하게 말했습니다.

며칠 뒤 합격자 확인을 하기 위해 방송국으로 전화했습니다.

"안녕하세요. 부산 MBC 작가 모집 최종 합격자는 몇 명을 뽑았나요?"
"1명입니다."

"네? 하, 한 명요??"

아이고…. 180명 중의 한 명이라… 갑자기 기가 팍 죽었습니다. 그 운 좋은 인간이 누구지? 라는 생각이 들었습니다.

"합격자 이름이 뭔데요?"

"당신 이름이 뭡니까?"

"저는 홍종임이라고 하는데요."

"하하하. 당신이 합격자에요, 축하합니다!!"

우째 이런 일이! 저는 너무 기뻐서 길길이 날뛰었습니다.

나중에 방송국에 입사하고 보니, 20년 가까이 한결같이 써 온 제 노트와, 뽑아주면 목숨 걸고 열심히 일하겠다고 꼭 뽑아 달라고 한 제 말 때문에 저를 선택했다고 합니다. 이렇게 〈나의 노트〉는 제 삶의 전환기에 제가 원하는 방향으로 갈 수 있도록 아주 유용하게 쓰였습니다. 그러니 당연히 제 재산목록 1호는 〈나의 노트〉라고 해도 되지 않을까요?

저는 이제 77권째의 〈나의 노트〉를 쓰고 있습니다. 이 초록빛 지구별을 떠날 때까지 오랜 우정을 지금까지 이어온 내 친구들과 가족들을 소중히 하며, 무엇보다 저 자신을 다독거리며 〈나의 노트〉를 채워갈 것입니다.

아 참, 불나면 들고 나갈 재산 목록 1호에 〈나의 노트〉 외에 하나가 더 추가되겠네요. 〈미리 적는 나의 유언장〉입니다.

당신은 집에 불이 나면 무엇을 들고 나가고 싶습니까?

3. 나는 날라리 실버가 좋다

나이가 든다는 건, 점점 지혜로워진다는 것입니다. 그리고 사람들의 시선에서 어느 정도 자유로워지는 것입니다.

가장으로서의 책임도 다하고, 이제 진짜 인생이 시작되었습니다.

저는 즐겁게 사는 '날라리 실버[9]'가 너무 좋습니다.

1994년 겨울, LA 공항에서 있었던 일입니다.

어느 공항이건 간에 다양한 인종들이 가장 많이 붐비는 곳이 국제공항이라지만, LA 공항은 정말 다양한 인종들을 볼 수 있는 공항 중의 하나입니다. 그 당시 저는 미국 생활을 접고 다시 한국으로 입국하기 위해, 돌이 안 된 아들을 안고 LA 공항 출국장의 긴 줄에 서 있었습니다. 그때 유난히 제 눈을 끄는 멋진 여자가 있었습니다.

후리후리하게 큰 키, 날씬한 몸매, 너무 심하지 않게 찢어진 낡은 청바지를 입고 은발에 가까운 짧은 금발 머리, 유쾌한 억양의 영어. 그리고 그녀의 여권에 찍힌 수많은 나라의 출·입국 도장들…. 그녀가 어떤 사람인지 보고 싶어서 옆으로 살짝 보니, 아니, 할머니가 아니겠습니까? 제가 두 눈을 동그랗

---

9) 실버: 여기서는 '나이 든 사람'을 이르는 말로 사용.

게 뜨고 그녀를 보자, 그녀는 저를 보며 살짝 윙크하고는 자기 일을 계속했습니다.

　지금이야 용감한 할머니들이 혼자 해외여행을 다녀 화제가 되기도 하지만, 그 당시 우리나라 대부분의 할머니는 좀 점잖은 옷차림에, 느릿느릿 걷고 관광버스를 대절한 단체 관광을 즐기는 것이 고작이라, 그렇게 혼자서 외국 여행은 꿈도 못 꾸던 때였습니다. 그래서 그녀는 제게 신선한 충격을 주었습니다. 저는 그때 주먹을 불끈 쥐고 결심했습니다.
　'그래. 나도 저런 멋진 할머니가 되는 거야!'

　이렇게 사람의 앞날이나 운명을 결정짓는 중대한 결심도 알고 보면, 우리가 일상에서 만나는 소소한 일이나 순간인 경우가 많습니다. 좋은 측면이든 나쁜 측면이든, 잠깐이지만 이렇게 누군가의 삶을 바꾸는 멋진 사람들이 있습니다.

　제대로 된 실버 상(像)이 없었던 저는, 그 멋진 미국인 할머니를 보고 몇십 년 뒤의 제 모습을 꿈꾸게 되었습니다. 나이가 얼마나 많건 간에, 스스로의 힘으로 그렇게 여행도 가고 활기차게 살아간다는 건 분명 멋진 일이니까요. 그런 실버들은 체력도 되고, 경제적인 능력도 되고, 정신적인 여유도 있다는 의미라 인종을 떠나 멋진 분들이라고 생각합니다.

젊을 때는 돈이 없어 여행가기 힘들고 나이가 들어서는 돈은 있는데 힘이 없어서 여행을 못 간다는 우스갯소리가 있습니다. 물론 국내도 좋지만, 더 늙고 힘이 없어지기 전에, 아니 죽기 전에 이 초록별 지구 곳곳을 돌아보면 어떨까요?

은발 머리를 흩날리며 오지 여행을 가거나, 유럽의 고성 탐방이나 남미 순례 같은 테마 여행을 떠나, 나이도 잊고, 누군가의 부모라는 것도 잊고 오로지 하나의 지구인으로 자유롭고 행복한 시간을 자신에게 선물하고 즐기는 멋진 실버들이 늘어나면 좋겠습니다. 단, 이때 여행 경비는 자식에게 부담시키지 말고 오로지 자신의 힘으로 마련해야 의미가 있다는 것을 기억하시길 바랍니다.

가끔, 일상이 지겨워질 때면 며칠 동안 훌쩍 떠나서, 낯선 곳에서 약간 낯설게 느껴지는 자신을 만나는 것은 생각만 해도 즐거운 일입니다.

형편이 되면 지중해의 섬을 한 달쯤 임대해 왕처럼 살아보는 것도 괜찮고, 여태까지 미뤄왔던 자신만의 성지 순례도 괜찮습니다. 그동안 앞만 보고 치열하게 살아온 우리 스스로에게 멋진 상을 줄 시간입니다.

나이는 단지 숫자에 불과할 뿐, 이제 아무것도 우리의 꿈과 즐거움과 자유를 제한할 수 없습니다. 마치 브릿지(Bleach)한 것 같은 반백의 머리를 레게 스타일로 땋아, 할리 데이비슨(Harley-Davidson) 오토바이를 타고 바람처럼 달리는 멋진 실버를 보고 싶습니다. 뒤늦게 악기를 배워 지인들을 초청해 조촐하게 음악회를 여는 실버, 저소득 맞벌이 부부의 아이들에게 책 읽어주기 봉사를 하는 실버, 생명의 전화 상담소에 매주 특정한 요일마다 자원봉사하는 실버, 굶고 있는 제3세계 아이들을 위한 사랑의 빵 모금 행사에 자신의 용돈 일부를 정기적으로 내놓는 실버 등. 그리고 최근엔 대형 서점마다 고객을 위해 마련해 둔 독서공간에서 새로 나온 신간 서적을 들고 커피를 홀짝거리며 열심히 책을 읽는 멋진 실버들이 늘어나면 좋겠습니다.

또 번화가 뒷골목에선 멋쟁이 실버들이 삼삼오오 소주잔을 기울이며 얼마 전에 다녀온 오지 트래킹에 대한 이야기도 나누며, 더 의미 있게 사는 삶은 어떤 삶일까를 같이 고민하고, 새로 고친 유언장 내용도 얘기하고, 새롭게 시작한 공부의 내용을 이야기하는 모습을 많이 만나고 싶습니다.

스스로 자신의 새로운 삶에 만족해서 매 순간 행복해할 뿐 아니라, 자신이 속한 세상이 조금이라도 더 아름답고 살기 좋아질 수 있도록 인생 선배로서 고뇌할 줄 아는 진정한 의미의 '날라리 실버'들.

열심히 살아온 만큼, 이제부터는 정말 자신이 하고 싶은 일을 하며 즐겁고 신나게 사시길 바랍니다.

어차피 백 년쯤 뒤, 우리는 모두 한 줌의 바람이 되어 있을 테니까요.

4. 내겐 너무 섹시한
조지 클루니

꼬부랑 할아버지가 돼도 너무 섹시하고 근사할 것 같은 할리우드 배우 조지 클루니(George Timothy Clooney). 몇 년 전 여배우 뺨치는 미모의 국제 인권 변호사와 결혼해서 쌍둥이까지 낳고 알콩달콩 잘 산다는 소식을 들었습니다.

지난해 연말 조지 클루니는 14명의 친구를 집으로 초대해, 한 사람당 백만 달러(한화로 약 10억 8천만 원)를 나누어 줬다고 합니다. "내가 처음 LA(Los Angeles)에 왔을 때 많이 힘들었는데, 너희 같은 친구들을 만나 행운이었다. 너희들이 없었다면 오늘의 나는 없었을 것이다."라면서요.

그 자리에 있던 돈 많은 한 친구[랜드 거버(Rande Gerber). 톱모델 신디 크로퍼(Cindy Crawford)의 남편]는 그 돈을 자선단체에 기부했지만, 다른 친구들은 자녀의 대학 등록금이나 집값, 생활비로 조지 클루니의 선물을 아주 요긴하게 사용했다는 후문입니다.

이렇게 듣기만 해도 즐거운 소식이 우리나라에서도 들렸으면 좋겠습니다. 우리나라는 혈연의식이 유난히 강한 탓인지, 재산을 무조건 자식들에게 물려주려는 사람들이 대부분입니다. 조금만 더 마음의 여유가 있다면 10% 정도라도 자신이 살면서 은혜를 입거나 평소 고맙게 생각했던 친구나 꼭 필요한 이웃에게 주면 어떨까요?

또 언젠가는 우리 모두에게 이 세상에 와서 얻은 모든 것들을 두고 가야하는 날이 올 것입니다. 그렇게 생을 정리해야 하는 날이 오면 힘들게 사는 친구나, 친절했던 슈퍼 아줌마, 신문 배달하는 총무 아저씨, 경비 아저씨, 택배기사처럼 평소 알게 모르게 우리에게 편리함을 줬던 고마운 분들에게 간단한 인사와 함께 크고 작은 금일봉을 건네면 어떨까요?

외모도 멋진데 행동은 더 근사한 조지 클루니. 그런 남자랑 사는 미모의 국제인권 변호사 아말 클루니(Amal Clooney)는 전생에 우주를 구한 게 아닐까 싶습니다.

웰다잉 참고리스트

1. 법적 효력 있는 유언

민법이 규정하는 유언방식 5가지

유언이 법적인 효력을 가지려면 민법에서 정한 5가지 방식(자필증서, 녹음, 공정증서, 비밀증서, 구수증서) 중의 하나를 선택해야 합니다. 재산이 어느 정도 있는 사람들이 사망한 후, 가족들이 유산분쟁에 휘말리는 경우가 적지 않습니다. 현재로서는 공정증서에 의한 유언이 가장 안전하게 보입니다 자필유언이나 녹음유언, 구수유언(口授遺言), 비밀유언의 경우, 필적이 가짜라고 하거나 치매로 심신이 불안정한 상태에서 유언장을 썼다고 소송을 거는 가족들도 있기 때문입니다. 그러므로 될 수 있으면 유언장을 작성하기 전, 후의 모습을 촬영해 파일로 보관하면 좋습니다. 판단력이 멀쩡한 상황에서 자유의지로 유언했다는 증명이 될 테니까요.

또 우리 민법에서는 만 17세 미만의 미성년자, 금치산자(禁治產者), 한정치산자(限定治產者)의 유언은 인정하지 않습니다. 증인의 경우 유언을 하여 이익을 얻게 되는 사람이나 그 배우자, 직계혈족은 유언의 증인이 될 수 없음을 꼭 기억하셔야 합니다.

우리 민법에서 인정하는 유언은 자필증서, 녹음, 공정증서, 비밀증서, 구수증서의 총 5가지입니다. 그중에서 유언하는 사람이 편한 것을 선택하면 됩니다.

민법 제1066조(자필증서에 의한 유언)

① 자필증서에 의한 유언은 유언자가 그 전문과 년, 월, 일, 주소, 성명을 자서(自書)하고 직접 날인하여야 한다. **(6가지 중 하나만 빠져도 무효. 특히 주소를 쓰는 것에 유의하고 유언장 원본이 아닌 복사본에 날인하면 유언으로서 효력이 없음)**

② 전항의 증서에 문자의 삽입, 삭제 또는 변경을 함에는 유언자가 이를 자서하고 날인하여야 한다. **(직접 유언장을 쓰고 직접 서명하라는 의미)**

민법 제1067조(녹음에 의한 유언)

녹음에 의한 유언은 유언자가 유언의 취지, 그 성명과 연월일을 구술하고 이에 참여한 증인이 유언의 정확함과 그 성명을 구술하여야 한다. **(요즘 스마트폰으로 동영상을 촬영하기도 하는데 이는 녹음유언의 일종으로 역시 위의 6가지를 빠짐없이 말하고 녹음해야 합니다.)**

민법 제1068조(공정증서에 의한 유언)

공정증서에 의한 유언은 유언자가 증인 2인이 참여한 공증인의 면전에서 유언의 취지를 구수하고 공증인이 이를 필기 낭독하여 유언자의 증인이 그 정확함을 승인한 후 각자 서명 또는 기명날인하여야 한다.

민법 제1069조(비밀증서에 의한 유언)

① 비밀증서에 의한 유언은 유언자가 필자의 성명을 기입한 증서를 엄봉날인하고 이를 2인 이상의 증인의 면전에 제출하여 자기의 유언서임을 표시한 후, 그 봉서표면에 제출 연월일을 기재하고 유언자와 증인이 각자 서명 또는 기명날인하여야 한다.

② 전항의 방식에 의한 유언봉서는 그 표면에 기재한 날로부터 5일 내에 공증인 또는 법원 서기에게 제출하여 그 봉인상의 확정일자를 받아야 한다.

(만일 방식에 흠결이 있는 경우라도, 자필증서의 방식에 적합하다면, 자필증서에 의한 유언으로 취급합니다. - 민법 제1071조)

민법 제1070조(구수증서에 의한 유언)

① 구수증서에 의한 유언은 질병 기타 급박한 사유로 인하여 전 4조의 방식으로 의할 수 없는 경우 유언자가 2인 이상의 증인 참여로 그 1인에게 유언의 취지를 구수하고 그 구술 받은 자가 이를 필기 낭독하여 유언자의 증인이 그 정확함을 승인한 후 각자 서명 또는 기명날인[10]하여야 한다.

② 전항의 방식에 의한 유언은 그 증인 또는 이해관계인이 급박한 사유로 종료한 날로부터 7일 이내에 법원에 그 검인을 신청하여야 한다.

③ 제1063조 제2항의 규정은 구수증서에 의한 유언에 적용하지 아니한다.

(질병 기타 급박한 사유에 있는 경우에 한합니다. 유언자가 말로 유언하면 이를 들은 사람이 받아쓰고 낭독을 하여 유언자와 증인이

---

10) 기명날인: 이름을 쓰고 도장을 찍는 것.

그 정확함을 승인하고 서명 또는 *기명날인하여야 합니다. 이때 유언자의 서명은 반드시 자필이어야 하고 기명날인은 다른 사람이 대신할 수 있습니다.)

민법 제1072조(증인의 결격사유)

① 다음 각호에 해당하는 사람은 유언에 참여하는 증인이 되지 못한다.

　1. 미성년자

　2. 피성년 후견인[11]과 피한정 후견인[12]

　3. 유언으로 이익을 받을 사람, 그의 배우자와 직계혈족

② 공정증서에 의한 유언에는 공증인법에 따른 결격자는 증인이 되지 못한다.

---

11) 피성년 후견인: 질병, 장애, 노령 그 밖의 사율 인한 정신적 제약으로 사무를 처리할 능력이 지속적으로 결여된 사람으로서 가정법원으로부터 성년후견개시 심판을 받은 사람(민법 9조).

12) 피한정 후견인: 가정법원으로부터 한정후견개시의 심판을 받은 사람으로서 한정치산자에 해당.

2. 엔딩노트 쓰기

첫째 장

내 기본정보

※ 이름:

※ 전화번호:

※ 주소:

※ 생년월일:

※ 혈액형:

※ 태어난 곳:

※ 키, 몸무게, 시력:

※ 종교:

※ 가족:

※ 직업:

※ 비상연락처, 이름:

※ 좌우명:

※ 자동차:

※ 좋아하는 색:

※ 존경하는 인물:

※ 내 성격:

※ 내 장단점:

※ 가장 감명 깊었던 영화와 그 이유:

※ 가장 좋아하는 음식:

※ 그동안 여행 갔던 나라:

※ 죽기 전 꼭 가보고 싶은 나라나 장소:

※ 보고 싶은 사람:

※ 살아오면서 가장 기뻤던 순간:

※ 살아오면서 가장 슬펐던 일:

※ 살아오면서 가장 힘들었던 일:
※ 살아오면서 가장 후회스러웠던 일:
※ 용서하거나 용서받고 싶은 일:
※ 내가 주로 쓰는 닉네임과 그 이유:
※ 가장 친한 친구 세 명:
※ 꼭 가보고 싶은 여행지:
※ 기호 식품 3가지:
※ 좋아하는 날씨:
※ 최근 가장 그리운 사람:
※ 좋아하는 (반려)동물:
※ 내가 소속한 모임이나 단체:
※ 살아오면서 가장 잘한 일:
※ 살아오면서 가장 후회되는 일:
※ 어릴 때 별명:
※ 현재 별명:
※ 내가 가장 아끼는 물건:
※ 내가 잘하는 운동, 취미:
※ 가입하고 싶은 봉사단체 혹은 활동 중인 봉사단체:
※ 남기고 싶은 나의 유품:
※ 10년 후, 20년 후, 30년 후 나의 모습:

내 사진 붙이기 + 내 DNA 남기기
(비닐 봉투에 모근이 달린 머리카락이나 손톱 깍은 것을 넣어 붙임)

※ 아기 때 사진:

※ 10대 때 사진:

※ 20대 때 사진:

※ 30대 때 사진:

※ 40대 때 사진:

※ 현재 사진:

※ 미리 정한 내 영정사진:

셋째 장

버킷리스트 작성
(나이만큼 적기. 반드시 구체적으로 적을 것, 본문 참조.)

넷째 장

소중한 사람들에게 편지쓰기

※ 배우자:

※ 자녀:

※ 친구:

※ 그 외:

다섯째 장

최근에 받은 건강진단서 첨부하기

미리 쓰는 유언장(민법이 규정하는 유언의 방식에 따름)

※ 자필유언의 경우, 이름, 주민등록번호, 주소, 작성일, 작성 장소, 본인 날인의 6가지 항목이 전부 있어야 법적으로 효과가 있음(한 가지라도 빠지면 무효이니 유의할 것).

재산과 채무 관련 내용, 가입한 보험 리스트, 신용카드 리스트

사전연명의료의향서(양식 참조)

■ 호스피스·완화의료 및 임종과정에 있는 환자의 연명의료결정에 관한 법률 시행규칙 [별지 제1호서식]　(앞쪽)

연명의료계획서

※ 색상이 어두운 부분은 작성하지 않으며, [ ]에는 해당되는 곳에 √표를 합니다

등록번호		※ 등록번호는 의료기관에서 부여합니다.	
환자	성 명		주민등록번호
	주 소		
	전화번호		
	환자 상태　　[ ] 말기환자		[ ] 임종과정에 있는 환자
담당의사	성 명		면허번호
	소속 의료기관		
연명의료 중단등결정 (항목별로 선택합니다)	[ ] 심폐소생술		[ ] 인공호흡기 착용
	[ ] 혈액투석		[ ] 항암제 투여
호스피스의 이용 계획	[ ] 이용 의향이 있음		[ ] 이용 의향이 없음
담당의사 설명사항 확인	설명 사항	[ ] 환자의 질병 상태와 치료방법에 관한 사항 [ ] 연명의료의 시행방법 및 연명의료중단등결정에 관한 사항 [ ] 호스피스의 선택 및 이용에 관한 사항 [ ] 연명의료계획서의 작성·등록·보관 및 통보에 관한 사항 [ ] 연명의료계획서의 변경·철회 및 그에 따른 조치에 관한 사항 [ ] 의료기관윤리위원회의 이용에 관한 사항	
	확인 방법	[ ] 서명 또는 기명날인　　년　월　일 성명　　(서명 또는 인) [ ] 녹화 [ ] 녹취 ※ 법정대리인　　　　　　년　월　일 성명　　(서명 또는 인) (환자가 미성년자인 경우에만 해당합니다)	
환자 사망 전 열람허용 여부	[ ] 열람 가능　　　　　[ ] 열람 거부　　　　　[ ] 그 밖의 의견		

「호스피스·완화의료 및 임종과정에 있는 환자의 연명의료결정에 관한 법률」 제10조 및 같은 법 시행규칙 제3조에 따라 위와 같이 연명의료계획서를 작성합니다.

년　　월　　일

담당의사　　　　　　　　(서명 또는 인)

210mm×297mm[백상지(80g/㎡) 또는 중질지(80g/㎡)]

아홉째 장

사전장례의향서(나의 장례계획)

※ 임종장소 - 집, 요양원. 병원, 호스피스병원.

※ 장례식장소 - 병원장례식장, 전문장례식장, 종교시설.

※ 장례방법 - 매장, 화장 후 납골당, 화장 후 자연장.

※ 자연장 - 수목장, 잔디장, 기타 방식.

※ 꽃장식 - 흰 국화, 붉은 장미꽃 등 좋아하는 꽃을 구체적으로 지정.

※ 음악 - 찬송가, 염불 소리, 클래식 음악 등 좋아하는 음악 지정.

※ 수의 - 수의, 한복, 좋아하던 평상복 지정.

※ 영정사진 - 자신의 특정 사진 지정.

※ 관에 넣고 싶은 물건.

※ 종교가 있으면 지정 -기독교식, 불교식, 천주교식 등.

※ 내 장례식에 꼭 초대하고 싶은 사람 리스트 - 이름, 연락처, 주소, 나이, 나와의 관계.

내 묘비명 적기

※ 매장이면 묘비명으로, 화장이면 납골당 앞의 문구로.

열한 번째 장

기부 관련 사항

※ 재산의 일부나 부동산 일부 사회시설이나 복지시설 기부, 시신 기부, 장기 기증 등.

3. 사전연명의료의향서 서식

표 10-1 사전연명의료의향서 서식

■ 호스피스・완화의료 및 임종과정에 있는 환자의 연명의료결정에 관한 법률 시행규칙 [별지 제1호서식]   (앞쪽)

연명의료계획서

※ 색상이 어두운 부분은 작성하지 않으며, [ ]에는 해당되는 곳에 √표를 합니다.

등록번호		※ 등록번호는 의료기관에서 부여합니다.

환자	성 명		주민등록번호	
	주 소			
	전화번호			
	환자 상태	[ ] 말기환자	[ ] 임종과정에 있는 환자	

담당의사	성 명	면허번호
	소속 의료기관	

연명의료 중단등결정 (항목별로 선택합니다)	[ ] 심폐소생술	[ ] 인공호흡기 착용
	[ ] 혈액투석	[ ] 항암제 투여

호스피스의 이용 계획	[ ] 이용 의향이 있음	[ ] 이용 의향이 없음

담당의사 설명사항 확인	설명 사항	[ ] 환자의 질병 상태와 치료방법에 관한 사항 [ ] 연명의료의 시행방법 및 연명의료중단등결정에 관한 사항 [ ] 호스피스의 선택 및 이용에 관한 사항 [ ] 연명의료계획서의 작성・등록・보관 및 통보에 관한 사항 [ ] 연명의료계획서의 변경・철회 및 그에 따른 조치에 관한 사항 [ ] 의료기관윤리위원회의 이용에 관한 사항
	확인 방법	[ ] 서명 또는 기명날인 년 월 일 성명 (서명 또는 인) [ ] 녹화 [ ] 녹취 ※ 법정대리인 년 월 일 성명 (서명 또는 인) (환자가 미성년자인 경우에만 해당합니다)

환자 사망 전 열람허용 여부	[ ] 열람 가능 [ ] 열람 거부 [ ] 그 밖의 의견

「호스피스・완화의료 및 임종과정에 있는 환자의 연명의료결정에 관한 법률」 제10조 및 같은 법 시행규칙 제3조에 따라 위와 같이 연명의료계획서를 작성합니다.

년   월   일

담당의사   (서명 또는 인)

210mm×297mm[백상지(80g/㎡) 또는 중질지(80g/㎡)]

(뒤쪽)

유의사항

1. 연명의료계획서란 「호스피스·완화의료 및 임종과정에 있는 환자의 연명의료결정에 관한 법률」 제10조에 따라 말기환자 또는 임종과정에 있는 환자의 의사에 따라 담당의사가 환자에 대한 연명의료중단등결정 및 호스피스에 관한 사항을 계획하여 문서로 작성하는 것을 말합니다.

2. 환자는 연명의료계획서의 변경 또는 철회를 언제든지 요청할 수 있으며, 담당의사는 해당 환자의 요청 사항을 반영하여야 합니다.

210mm×297mm[백상지(80g/㎡) 또는 중질지(80g/㎡)]

4. 사전장례의향서

사전장례의향서(事前葬禮意向書)

나에게 사망진단이 내려진 후 나를 위한 여러 장례의식과 절차가
내가 바라는 형식대로 치러지기를 원해 나의 뜻을 알리고자
이 사전장례의향서(事前葬禮意向書)를 작성한다.

나를 위한 여러 장례의식과 절차는 다음에 표시한대로 해주기 바란다.

1. 기본 원칙
(1) 부고
1 널리 알리기 바란다.( )
2 알려야 할 사람에게만 알리기 바란다. ( )
3 장례식을 치르고 난 후에 알리기 바란다. ( )

(2) 장례식
1 우리나라 장례문화를 바르게 이해하고 전통문화를
   계승하는 차원에서 해주기 바란다 . ( )
2 가급적 간소하게 치르기 바란다.( )
3 가족과 친지들만이 모여 치르기 바란다.( )

2. 장례 형식
1 전통(유교)식( ) 2 불교식( ) 3 기독교식( )
4 천주교식( ) 5 기타(지정) ( )

3. 장일(葬日)
1 가급적 3일 또는 5일장을 지켜주기 바란다. ( )
2 날수(기간)에 구애 받지 말고 형편대로 해주기 바란다. ( )

4. 부의금 및 조화
1 관례에 따라 하기 바란다. ( )
2 가급적 제한하기 바란다. ( )
3 일체 받지 않기 바란다. ( )

5. 음식대접
1 잘 대접해주기 바란다. ( )
2 간단한 다과를 정성스럽게 대접해주기 바란다. ( )

6. 염습
1 정해진 절차에 따라 해주기 바란다. ( )
2 특별한 이유가 없는 한 하지 말아주기 바란다. ( )

7. 수의
1 사회적인 위상에 맞는 전통 수의를 입혀주기 바란다. ( )
2 검소한 전통 수의를 선택해주기 바란다. ( )
3 내가 평소에 즐겨 입던 면 옷으로 대신해주기 바란다. ( )

8. 관
1 사회적인 위상에 맞는 관을 선택해주기 바란다.( )
2 소박한 관을 선택해주기 바란다.( )

9. 시신 처리
1 내가 이미 약정한 대로 의학적 연구 및 조직 활용 목적으로
   기증하기 바란다. ( )
2 화장해주기 바란다. ( )
3 매장해주기 바란다. ( )

<화장하는 경우 유골은>
① 인공 봉안시설 : 봉안(납골)당 ( ), 기타 ( )
② 자연장(산골) : 수목 ( ), 해양 ( ), 정원 ( ), 기타 ( )

<매장하는 경우>
① 공원묘지 ( )
② 선산(先山) ( )
③ 기타 ( )

10. 삼우제와 사구재
1 격식에 맞추어 모두 해주기 바란다. ( )
2 가족끼리 추모하기 바란다. ( )
3 하지 말기 바란다.( )

11. 기타
영정사진, 제단 장식, 배경음악 등에 대한 나의 의견
_____
_____
_____
_____
_____

이상은 장례의식과 절차에 대한 나의 바람이니 이를 꼭 따라주기 바란다.

년   월   일

작성자 이름   서명

그림 10-1 사전장례의향서

출처: 한국골든에이지포럼(www.goldenageforum.org)

5. 사전치매의향서

사전치매요양의향서

"내가 치매에 걸린다면"
- 가족과 요양기관에 바라는 당부 -

"치매는 뇌세포가 점진적으로 파괴되어 인간기능 상실로 이어지며 종국에는 원시 동물 수준으로까지 퇴락하고 사망하는, 아직 현대의학으로 해결 방안을 찾아내지 못한 비참하고 비극적인 질환이다."

내가 만일 치매에 걸린다면 가족과 사회에 가급적 부담을 최소화하면서 생명의 존엄성을 유지하기 위해 다음과 같은 나의 간절한 뜻을 전한다.

1. 들어가는 말

● 나는 나의 질병으로 인해 가족과 사회에 정신적, 경제적, 시간적 부담을 주는 것을 원하지 않는다. 이는 내가 이 세상을 살아오는 동안 간직해 온 중요한 나의 생활철학이자 가치관 중 하나이다.

● 나는 평소 생명의 존엄성과 명예를 중요하게 여기면서 살아왔으며 나의 생명 말기에 인간으로서 존엄성을 유지하면서 이 세상의 하직을 희망해 왔다.

● 그러나 불행하게도 내가 치매에 걸린다면 판단력 상실로 나의 생활 가치관과 생명의 존엄성을 유지하기 어려울 것에 대비하여 미리 이 글을 가족과 요양기관 그리고 관련 윤리적 법적 전문가들에게 남겨 나의 생활가치관과 생명의 존엄성을 끝까지 유지하는 데 도움받기 원한다.

2. 가족과 요양기관에게

● 병이 경중이어서 일상생활에 큰 지장이 없는 경우 가족과 함께 지내기를 바라며 가능한 병의 진행을 지연시키기 위한 노력을 해 주기 바란다.

● 만일 나의 병이 중등 도에 이르고 가족 중 누군가가 전적으로 나를 돌보아야 할 정도로 병이 진행된다면 주저하지 말고 경제적으로 큰 부담이 되지않는 적절한 수준의 요양기관에 입원시켜 주기 바란다. 요양기관 입원은 요양과 간호를 전문으로 하는 기관에 의뢰하는 것이므로 조금도 불효라는 생각을 갖지 말기 바란다.

● 병의 경과가 중증으로 진행되어 가족을 알아보지 못하고, 스스로 변도 가리지 못하며, 간병에 어려움을 주는 이상한 행동을 보일 때는 연명을 위한 모든 치료를 중단하고 생명 유지를 위한 최소한의 음식만 공급해 주기 바란다.

3. 의료윤리 및 법 전문가들에게

● 이러한 나의 뜻을 실행하는 과정에서 윤리적 법적인 문제가 발생한다면 관련 전문가들은 이를 원만하게 해결하는 데 도움을 주기 바란다.

날짜_____   성명_____

그림 10-2 사전치매의향서

출처: 한국골든에이지포럼(www.goldenageforum.org)

6. 장기등 및 조직 기증희망자 등록신청서

표 10-2 장기등 및 조직 기증희망자 등록신청서 서식

■ 장기등 이식에 관한 법률 시행규칙 [별지 제6호서식] <개정 2015.1.29.>

장기등 및 조직 기증희망자 등록신청서

※ [ ]에는 해당되는 곳에 √표를 합니다.
※ 바탕색이 어두운 란은 신청인이 작성하지 않습니다.

접수번호		접수일자		처리기간	즉시

신청인	성명		주민등록번호	
	전화번호		전자우편주소	
	주소			
	정보수신 여부	[ ]전자우편　　　　[ ]이동전화 문자메시지　　　　[ ]우편물		

신청내용	기증 형태 (중복 선택 가능)	[ ] 장기등(신장, 간장, 췌장, 췌도, 심장, 폐, 소장, 안구 등) 기증
		[ ] 조직(뼈, 연골, 근막, 피부, 양막, 인대, 건, 심장판막, 혈관 등) 기증
		[ ] 안구(각막) 기증
	기증희망자 표시 여부	운전면허증에 기증희망자라는 사실을 표시하기를 원하십니까? [ ]예　　　　[ ]아니오 ※ 운전면허증 신규발급, 갱신, 재발급 시 표시할 수 있습니다.
	법정대리인의 동의 (미성년자의 경우)	성명 　　　　　　　　　　주민등록번호
		관계 　　　　　　　　　　서명

「장기등 이식에 관한 법률」 제15조제1항 및 같은 법 시행규칙 제7조와 「인체조직안전 및 관리 등에 관한 법률」 제7조의2제1항 및 같은 법 시행규칙 제3조제2항에 따라 위와 같이 신청합니다.

년　　월　　일

신청인

(서명 또는 인)

과 천 시 장　　　　귀하

첨부서류	1. 신청인이 미성년자인 경우: 기증에 동의하는 사람이 법정대리인임을 확인할 수 있는 서류 2. 신청인이 「정신보건법」 제3조제1호에 따른 정신질환자나 「장애인복지법 시행령」 별표 1 제6호에 　따른 지적장애인인 경우: 정신건강의학과 전문의가 기증하는 본인이 동의 능력을 갖추었다고 　인정하는 소견서 **※ 신청인 본인의 서명이 없는 경우에는 등록이 되지 않습니다.**	수수료 없음

210mm×297mm[일반용지 60g/㎡(재활용품)]

「장기등 및 조직 기증희망자 등록신청서」 작성 안내

2015년 1월 29일부터 「인체조직안전 및 관리 등에 관한 법률」이 확대 시행됨에 따라 기증희망자로 등록하고자 하시는 분은 시행중인 장기기증 뿐만 아니라 조직도 동법 시행규칙 제3조 별지 2호의 통합서식인 「장기등 및 조직 기증희망자 등록신청서」를 작성하여야 함을 알려드립니다.

■ **등록신청서 작성 요령**

○ 접수번호, 접수일자 등은 장기이식등록기관 또는 조직기증자등록기관에서 기입하고 신청자는 '신청인'란, '신청내용'란을 작성하여 서명날인 후 제출

- (신청인란) 성명, 주민등록번호, 주소를 필수적으로 기재하고, 전화번호, 전자우편주소(이메일)는 정보수신여부(전자우편, 이동전화 문자메시지)에 따라 선택

- (신청내용란) 기증형태별(장기·조직 등 중복선택 가능)로 작성하고 운전면허증 표시희망 여부 선택

➡ 희망등록이 완료되면,

　① 신청서에 기재한 전화번호(핸드폰)로 '등록완료' 안내문자 전송

　② 기증희망등록증과 신분증용 및 차량용 스티커 등을 일반우편으로 발송

　③ 운전면허증 표시 희망시, 운전면허증 신규발급 및 재발급 시 운전면허증 사진하단에 기증희망자 표시

■ **장기등 및 조직기증 희망등록 항목의 개인정보 수집·이용 근거**

○ 신청자의 성명, 주민등록번호, 주소(미성년자의 경우 법정대리인의 성명·주민등록번호) 등 필수항목은 장기등 이식에 관한 법률 제15조 및 시행령 제29조의2와 인체조직안전 및 관리 등에 관한 법률 제7조의2 및 시행령 제16조에 의하여 기증희망자의 식별, 기증희망등록증 발급 및 운전면허증 표기에만 이용

■ **기타 참고사항**

○ 신청인은 반드시 자필 서명 후 제출

○ 장기기증희망등록이란 본인이 장래에 뇌사 또는 사망할 때 장기등을 기증하겠다는 의사표시로서, 실제 기증시점이 되었을 때는 가족 중 선순위자 1인의 동의가 반드시 필요

☎ 02)2628-3602　　　질병관리본부 장기이식관리센터 홈페이지(www.konos.go.kr)

표 10-3 가까운 장기이식등록기관 찾기

장기이식등록기관명	홈페이지	연락처
(재)한마음한몸 운동본부	www.obos.or.kr	02 - 727 - 2263
(사)생명나눔 실천본부	www.lisa.or.kr	02 - 734 - 8050
(재)사랑의 장기기증운동본부	www.donor.or.kr	1588 - 1589
사회복지법인 로사리오 카리타스	www.rscaritas.com	051 - 516 - 0815
(사)새생명 광명회		055 - 758 - 6611
(사)생명을 나누는 사람들	www.kals.or.kr	1588 - 0692
(사)생명잇기	www.vitallink.or.kr	02 - 765 - 0199
(사)안구기증운동협회	www.eye.or.kr	02 - 708 - 4454
온누리 안은행	www.eyebank.or.kr	063 - 255 - 1400
(재)원불교 은혜심기 운동본부	www.won.or.kr	063 - 850 - 3151
(사)장기기증재단		062 - 531 - 1199
(사)한국신장장애인협회	www.koreakidney.or.kr	02 - 742 - 0875
(재)한국실명예방재단	www.kfpb.org	02 - 718 - 1102
한국장기 기증원	www.koda1458.kr	1577 - 1458

표 10-4 기증자 지원제도

「장기 등 이식에 관한 법률」 제32조 및 같은 법 시행규칙 제26조 규정에 의거,
정부는 예산 범위 내에서 다음과 같은 기증자 지원제도를 시행하고 있습니다.

■ 뇌사자 장기기증자 및 인체조직기증자 지원금 지원: 뇌사자 장기기증자 및 인체조직
기증자 유족에게 장제비 등 지원금 지급(장례지원 서비스 혹은 기증자의 순수·무상 기증 취
지를 살려 사회단체의 기부 선택 가능)

■ 살아있는 사람 간 순수 장기기증자 검진 진료비 지급: 이식대상자를 지정하지 않고
간장, 신장 등 장기를 이식한 경우, 이식 후 1년 동안 정기검진 진료비 지원 사전검진
후 본인의 의사가 아닌 사유로 기증이 이루어지지 않은 경우, 사전검진 진료비 지급

■ 유급휴가 보상금 지급: 근로자인 장기 기증자(골수 포함)의 장기등 기증을 위한 신체
검사, 또는 적출 등에 소요된 입원 기간에 대해 유급휴가로 처리한 경우, 그 근로자
의 사용자에게 유급휴가 보상금 지급

※ 종전 이식 대상자를 지정하지 않은 순수 기증자에게만 유급휴가를 인정하였으나,
법률개정으로 '14.01.31부터 가족 및 타인지정 기증하는 경우까지 확대됨.

표 10-5 한국장기기증조직원 협약병원 리스트

뇌사장기기증자 관리 업무 협약기관			
권역	번호	관리 업무 협약기관(뇌사판정의료기관)	지역
중부권역 (28)	1	가톨릭관동대학교국제성모병원	인천
	2	가톨릭대학교 인천성모병원	인천
	3	강북삼성병원	서울
	4	강릉아산병원	강릉
	5	강원대학교병원	춘천
	6	고려대학교안산병원	안산
	7	국립중앙의료원	서울
	8	국민건강보험공단 일산병원	일산
	9	동국대학교일산병원	일산
	10	상계백병원	서울
	11	서울대병원 (HOPO)	서울
	12	서울의료원	서울
	13	순천향대학교서울병원	서울
	14	안양샘병원	안양
	15	원주세브란스기독병원	원주
	16	이화여자대학교의과대학부속목동병원	서울
	17	인하대학교병원	인천
	18	제주대학교병원	제주
	19	제주한라병원	제주
	20	중앙대학교병원	서울
	21	중앙보훈병원	서울
	22	한림대학교춘천성심병원	춘천

권역		병원명	지역
중부권역 (28)	23	한림대학교동탄성심병원	춘천
	24	명지병원 (HOPO)	고양
	25	고대구로병원 (HOPO)	서울
	26	한림대학교평촌성심병원 (HOPO)	안양
	27	강동성심병원	서울
	28	한양대구리병원	구리
충청/호남권역 (9)	1	가톨릭대학교대전성모병원	대전
	2	단국대학교병원	천안
	3	목포한국병원	목포
	4	순천성가롤로병원	순천
	5	순천향대학교천안병원	천안
	6	을지대학교병원	대전
	7	전주예수병원	전주
	8	충남대학교병원	대전
	9	충북대학교병원	청주
영남권역 (11)	1	경상대학교병원	진주
	2	계명대학교 동산병원 (HOPO)	대구
	3	고산대학교복음병원	부산
	4	김원묵기념봉생병원	부산
	5	동국대학교경주병원	경주
	6	메리놀병원	부산
	7	삼성창원병원	창원
	8	안동병원	안동
	9	창원파티마병원	창원
	10	포항성모병원	포항
	11	창원 경상대병원	창원

출처: 한국장기조직기증원(www.koda1458.kr)

7. 전국 호스피스완화의료기관 – 2018년 1월 기준

표 10-6 지역별 전국 완화의료 전문기관

지역	기관명(가나다 순)	기관 수
서울	- 서울 상급종합병원 가톨릭대학교 서울성모병원 - 서울 종합병원 가톨릭대학교 성바오로병원 - 서울 종합병원 가톨릭대학교 여의도성모병원 - 서울 종합병원 강동성심병원 - 서울 상급종합병원 고려대 구로병원 - 서울 종합병원 국립중앙의료원 - 서울 상급종합병원 서울대학교병원 - 서울 상급종합병원 서울아산병원 - 서울 종합병원 서울적십자병원 - 서울 종합병원 서울특별시 동부병원 - 서울 병원 서울특별시 북부병원 - 서울 병원 서울특별시 서남병원 - 서울 병원 서울특별시 서북병원 - 서울 종합병원 서울특별시 서울의료원 - 서울 상급종합병원 연세대 세브란스병원 - 서울 상급종합병원 이화여대 목동병원 - 서울 의원 인성기념의원 - 서울 의원 전`진`상의원 - 서울 종합병원 중앙보훈병원 - 서울 종합병원 한국원자력의학원 원자력병원	20
부산	- 부산 상급종합병원 고신대학교 복음병원 - 부산 병원 동래성모병원 - 부산 종합병원 메리놀병원 - 부산 상급종합병원 부산대학교병원 - 부산 종합병원 부산보훈병원 - 부산 종합병원 부산성모병원 - 부산 종합병원 온종합병원 - 부산 요양병원 인창요양병원	8
경기	- 경기 병원 남천병원 - 경기 새오름가정의원 - 경기 샘물 호스피스병원 - 경기 수현기독의원 - 경기 안양샘병원 - 경기 연세 매디람내과 - 경기 의원 굿피플의원 - 경기 의원 모현센터의원 - 경기 인제대 일산백병원 - 경기 종합병원 가톨릭대학교 부천성모병원	20

경기	- 경기 종합병원 가톨릭대학교 성빈센트병원 - 경기 종합병원 경기도의료원 의정부병원 - 경기 종합병원 경기도의료원 파주병원 - 경기 종합병원 국립암센터 - 경기 종합병원 국민건강보험 일산병원 - 경기 종합병원 메트로병원 - 경기 지샘병원 - 경기 카톨릭관동대학교 국제성모병원 - 경기 하랑내과의원 - 경기지역 암센터 아주대병원	
인천	- 인천 상급종합병원 가천대 길병원 - 인천 종합병원 가톨릭관동대학교 국제성모병원 - 인천 상급종합병원 가톨릭대학교 인천성모병원 - 인천 요양병원 봄날요양병원 - 인천 요양병원 아암요양병원 - 인천 상급종합병원 인하대학교병원 - 인천 요양병원 청라백세요양병원	7
강원	- 강원 의원 갈바리의원 - 강원 종합병원 강원대학교병원 - 강원 요양병원 원주민중요양병원	3
충남	- 충남 종합병원 홍성의료원	1
충북	- 충북 요양병원 참사랑요양병원 - 충북 요양병원 청주원광효도요양병원 - 충북 종합병원 청주의료원 - 충북 상급종합병원 충북대학교병원	4
대전	- 대전 종합병원 가톨릭대학교 대전성모병원 - 대전 종합병원 대전보훈병원 - 대전 상급종합병원 충남대학교병원	3
경북	- 경북 병원 계명대학교 경주동산병원 - 경북 종합병원 안동의료원 - 경북 종합병원 포항의료원	3
대구	- 대구 상급종합병원 계명대학교 동산병원 - 대구 상급종합병원 대구가톨릭대학교병원 - 대구 종합병원 대구보훈병원 - 대구 종합병원 대구의료원 - 대구 종합병원 대구파티마병원 - 대구 의원 사랑나무의원 - 대구 상급종합병원 영남대학교병원 - 대구 상급종합병원 칠곡경북대학교병원	8
울산	- 울산 종합병원 울산대학교병원 - 울산 요양병원 이손요양병원 - 울산 요양병원 정토마을자재요양병원	3

경남	- 경남 상급종합병원 경상대학교병원 - 경남 종합병원 창원파티마병원 - 경남 의원 희연의원	3
전북	- 전북 종합병원 군산의료원 - 전북 종합병원 남원의료원 - 전북 병원 엠마오사랑병원 - 전북 요양병원 익산성모병원 - 전북 병원 재단법인 원불교 원병원 - 전북 상급종합병원 전북대학교병원	6
광주	- 광주 종합병원 광주기독병원 - 광주 종합병원 광주보훈병원 - 광주 의원 천주의성요한의원	3
전남	- 전남 종합병원 목포중앙병원 - 전남 종합병원 순천성가롤로병원 - 전남 병원 순천의료원 - 전남 상급종합병원 화순전남대학교병원	4
제주	- 제주 의원 성이시돌복지의원 - 제주 종합병원 제주대학교병원	2

출처: 국립암센터 호스피스완화의료 홈페이지(www.hospice.cancer.go.kr)

8. 사후 행정처리 절차

그림 10-3 사후 행정처리 절차 도식

금융감독원 홈페이지 이용방법

금융감독원에서는 사망자의 명의로 된 예금, 대출, 보증, 증권계좌, 보험계약, 신용카드 및 가계 당좌거래 유무 등을 일괄적 조회 해주는 **안심상속원스톱서비스**(사망일이 속한 달의 말일로부터 6개월 이내 이용가능)를 받을 수 있습니다.

먼저 금감원 홈페이지에 들어가서서, 구비서류와 서식을 다운받아 작성하셔서 **직접** 금융감독원 1층 금융 민원센터를 방문해야 합니다.

서울특별시 영등포구 여의대로 38(우: 07321)
대표전화: 02-3145-5114
민원상담전화: 금감원콜센터 1332

① 일단 〈금융감독원 홈페이지〉 들어갑니다. 금융감독원 로고 바로 아래 〈파인〉으로 들어갑니다.

② 〈파인〉에서 〈공통〉을 주목합니다.

③ 〈상속인 금융거래조회〉를 클릭합니다.

표 10-7 금융감독원 본원 1층 금융 민원센터 및 각 지원사항

금융감독원 본원 1층 금융 민원센터 및 각 지원사항

※ 안심상속원스톱서비스(사망일이 속한 달의 말일로부터 6개월 이내 이용가능) 상속인이 자치단체를 방문하여 사망신고와 동시에 한 장의 상속재산 조회 신청서를 작성하고 민원 공무원이 사망신고를 하는 상속인에게 상속재산 조회신청을 선제적으로 안내합니다.
국세·국민연금 가입여부 등 상속재산 확인을 위해 상속인이 소관기관을 방문할 필요가 없습니다.

※ 조회 결과는 접수일로부터 3개월까지 금융감독원 홈페이지(http://www.fss.or.kr)에서 일괄 확인 및 각 금융협회 홈페이지에서 개별 확인할 수 있으며, 조회결과를 받으신 후, 예금 등 금융자산 인출 문의는 해당 금융회사로 하셔야 합니다.

표 10-8 각 금융협회 금융거래조회 결과확인 홈페이지 바로가기

각 금융협회 금융거래조회 결과확인 홈페이지 바로가기			
협회명	홈페이지	협회명	홈페이지
예금보험공사	http://www.kdic.co.kr	금융투자협회	http://www.kofia.or.kr
전국은행협회	http://www.kfb.or.kr	한국신용정보원	http://www.kcredit.or.kr
한국예탁결제원	http://www.ksd.or.kr	생명보험협회	http://human.insure.or.kr
손해보험협회	http://www.knia.or.kr	여신금융협회	http://www.crefia.or.kr
저축은행중앙회	http://www.fsb.or.kr	신협중앙회	http://www.cu.or.kr
새마을금고중앙회	http://www.kfcc.or.kr	산림조합중앙회	http://banking.nfcf.or.kr
우체국	http://www.epostbank.go.kr	한국대부금융협회	http://www.clfa.or.kr

※ 한국대부금융협회는 금감원 통합조회시스템을 이용하면 됩니다.
※ 국세는 국세청 홈택스(http://www.hometax.go.kr), 국민연금 가입유무는 국민연금공단 홈페이지(http://www.nps.or.kr)에서 확인 가능합니다.
※ 장례비용은 연말정산, 종합소득세 신고시 최대 1,500만원까지 공제 가능(500만원 초과시, 장례비용 영수증과 증빙서류 제출)

표 10-9 사망신고서 양식

[양식 제19호]

사 망 신 고 서
(　　　년　　월　　　일)

※ 뒷면의 작성방법을 읽고 기재하시되 선택항목은 해당번호에 "○"으로 표시하여 주시기 바랍니다.

① 사 망 자	성명	한글		성 별		주민등록 번 호	-
		한자		①남 ②여			
	등록기준지						
	주소				세대주·관계		의
	사망일시	년　　월　　일　　시　　분(사망지 시각: 24시각제로 기재)					
	사망장소	장소	시(도)　　구(군)　　동(읍,면)　　리　　번지				
		구분	① 주택　　② 의료기관　　③ 사회복지시설(양로원, 고아원 등) ④ 공공시설(학교, 운동장 등) ⑤ 도로 ⑥ 상업·서비스시설(상점, 호텔 등) ⑦ 산업장　　⑧ 농장(논밭, 축사, 양식장 등) ⑨ 병원 이송 중 사망 ⑩기타(　　　　　　　　　　　)				

②기타사항

③ 신 고 인	성명	⑩ 또는 서명	주민등록번호	-
	자격	①동거친족 ②비동거친족 ③동거자	관계	
		④기타(보호시설장/사망장소관리장 등)	자격	
	주소		전화　　　　　이메일	
④제출인	성 명		주민등록번호	

※ 다음은 국가의 인구정책 수립에 필요한 자료로「통계법」제32조 및 제33조에 의하여 성실응답의 의무가 있으며 개인의 비밀사항이 철저히 보호되므로 사실대로 기입하여 주시기 바랍니다.

⑤ 사 망 원 인	㉮	직접 사인		발병부터 사망까지 기 간	
	㉯	㉮의 원인			
	㉰	㉯의 원인			
	㉱	㉰의 원인			
	기타의 신체상황		진단자 ① 의사 ② 한의사 ③ 기타		
⑥ 사망종류	① 병사　② 외인사(사고사 등)　③ 기타 및 불상(　　　　　　)				
⑦ 외 인 사 사 항	사고종류	① 운수(교통) ② 중독 ③ 추락 ④ 익사 ⑤ 화재 ⑥ 기타(　　)	의도성 여 부	① 비의도적 사고 ② 자살 ③ 타살 ④ 미상	
	사고일시	년　　월　　일　　시　　분(24시각제로 기재)			
	사고지역	① 현주소지와 같은 시군구 ② 다른 시군구(　시도,　시군구) ③ 기타(　　　　)			
	사고장소	① 주택　　② 의료기관　　③ 사회복지시설(양로원, 고아원 등) ④ 공공시설(학교, 운동장 등) ⑤ 도로 ⑥ 상업·서비스시설(상점, 호텔 등) ⑦ 산업장　　⑧ 농장(논밭, 축사, 양식장 등) ⑨ 기타(　　　)			
⑧ 사 망 자	국 적	① 한국인 ② 귀화한 한국인(이전국적:　　　　)			
	최종 졸업학교	① 무학 ② 초등학교 ③ 중학교 ④ 고등학교 ⑤ 대학(교) ⑥ 대학원이상			
	발병(사고)당시직업		혼인상태 ① 미혼 ② 배우자 있음 ③ 이혼 ④ 사별		

※ 아래사항은 신고인이 기재하지 않습니다.

읍면동접수	가족관계등록관서 송부	가족관계등록관서 접수 및 처리
	년　월　일(인)	

※ 타인의 서명 또는 인장을 도용하여 허위의 신고서를 제출하거나, 허위신고를 하여 가족관계등록부에 부실의 사실을 기록하게 하는 경우에는 형법에 의하여 5년 이하의 징역 또는 1천만원 이하의 벌금에 처해집니다.

작 성 방 법	※ 사망신고서는 1부를 작성 제출하여야 합니다.
① 사 망 자	• 등록기준지 : 해당자가 외국인인 경우에는 그 국적을 기재합니다. • 주민등록번호 : 해당자가 외국인인 경우에는 외국인등록번호(국내거소신고번호 또는 출생연월일)를 기재합니다. • 사망일시 : 〈예시〉 오후 2시 30분(×) → 14시 30분(○), 밤 12시 30분(×) → 다음날 0시 30분(○) – 우리나라 국민이 외국에서 사망한 경우, 현지 사망시각을 서기 및 태양력으로 기재하되, 서머타임 실시기간 중 사망하였다면 사망지 시각 옆에 "(서머타임 적용)"이라고 표시합니다. • 사망장소 구분 : ① 주택은 사망장소가 사망자의 집이거나 부모·친척 등의 집에서 사망한 경우를 포함 ⑩ 기타는 예시 외에 비행기, 선박, 기차 등 기타 장소에 해당되는 경우
② 기타사항	• 사망진단서(시체검안서) 미첨부시 그 사유 등 가족관계등록부에 기록을 분명히 하는데 특히 필요한 사항을 기재합니다.
③ 신 고 인	• 자격란에는 해당항목에 "○"표시하되 ④ 기타는 사망장소를 관리하는 자 등이 포함됩니다.
④ 제 출 인	• 제출인(신고인 여부 불문)의 성명 및 주민등록번호를 기재합니다[접수담당공무원은 신분증과 대조]
⑤ 사망원인	• 사망진단서(시체검안서)에 기재된 모든 사망원인 및 그 밖의 신체상황 내용을 동일하게 기재합니다.
⑥ 사망종류	• 사망진단서(시체검안서)에 기재된 "사망의 종류"를 참고로 기재하되, ② 외인사는 질병 이외의원인 즉, 사고사 등으로 사망한 경우에 해당하며, ③ 기타 및 불상인 경우에는 그 내용을 구체적으로 기재합니다.
⑦ 외 인 사 사 항	• 사고사 등으로 사망한 경우에는 사망진단서의 기재 사항을 동일하게 기재하되 기재된 사항이 없는 경우 사고의 종류, 사고 발생지역 및 장소를 구체적으로 기재합니다.
⑧ 사 망 자	• 사망자의 최종 졸업학교는 교육과학기술부장관이 인정하는 모든 정규기관을 기준으로 기재하되, 각급 학교의 재학(중퇴)자는 졸업한 최종학교의 해당 번호에 "○"표시를 합니다. 〈예시〉 대학교 3학년 중퇴 → ④ 고등학교에 "○"표시 • 사망자의 발병(사고)당시 직업은 사망의 원인이 되는 질병 또는 사고가 발생할 때의 직업을 구체적으로 기재합니다. 〈예시〉 회사원(×) → ○○회사 영업부 판촉사원(○)

첨 부 서 류

1. 사망자에 대한 진단서나 검안서 1부.
2. 사망의 사실을 증명할 만한 서면(진단서나 검안서를 첨부할 수 없을 때) : 아래 중 1부.
  – 사망증명서(동·리·통장 또는 인우 2명 이상이 작성한 사망증명서) : 증명인이 인우인(2명 이상)인 경우에는 증명인의 인감증명서, 주민등록증사본, 운전면허증사본, 여권사본, 공무원증사본 중 1부 첨부하여야 하며, 증명인이 동·리·통장일 때에는 1명의 증명으로 족하고 원칙적으로 동·리·통장임을 증명하는 서면 첨부요.
  – 관공서의 사망증명서 또는 매장인허증.
  – 사망신고수리증명서(외국관공서에 사망신고한 경우).
※ 아래 3항은 가족관계등록관서에서 전산으로 그 내용을 확인할 수 있는 경우 첨부를 생략합니다.
3. 사망자의 가족관계등록부의 기본증명서 1통.
4. 신분확인[가족관계등록예규 제23호에 의함]
  – 신고인이 출석한 경우 : 신분증명서
  – 제출인이 출석한 경우 : 신고인의 신분증명서 사본 및 제출인의 신분증명서
  – 우편제출의 경우 : 신고인의 신분증명서 사본
5. 사망자가 외국인인 경우 : 국적을 증명하는 서면(여권 또는 외국인등록증) 사본

※ 재산상속의 한정승 인, 포기의 안내	*이 안내는 사망신고와는 관계가 없는 내용 입니다. 자세한 내용은 가정법원 또는 지방법원 민원실로 문의하시기 바랍니다.

1. 의   의 : 한정승인 – 상속인이 상속으로 얻은 재산의 한도에서 상속을 승인하는 것.
       : 포기 – 상속재산에 속한 모든 권리의무의 승계를 포기하는 것.
2. 방   식 : 한정승인 – 상속재산의 목록을 첨부하여 가정법원에 신고합니다.
       : 포기 – 가정법원에 포기의 신고를 합니다.
3. 신고기간 : 상속개시 있음을 안 날로부터 3개월 이내(민법 제1019조제1항)
       : 상속인은 상속채무가 상속재산을 초과하는 사실을 중대한 과실 없이 상속개시 있음을 안 날로부터 3개월 이내에 알지 못하고 단순승인(민법 제1026조제1호 및 제2호에 따라 단순 승인한 것으로 보는 경우를 포함한다)을 한 경우에는 그 사실을 안 날로부터 3개월 이내에 한정승인을 할 수 있다.
4. 관   할 : 상속개시지[피상속인의 (최후)주소지]관할 법원

표 10-10 상속인 금융거래조회서비스 안내문

상속인 금융거래조회서비스 안내문

□ 상속인 금융거래조회 서비스는 상속인이 피상속인의 금융재산 및 채무를 확인하기 위하여 금융회사를 일일이 방문하여야 하는 번거로움을 덜어드리고자 금융감독원이 각 금융협회 및 금융회사의 협조를 얻어 제공하는 서비스입니다. 동 서비스는 조회신청일 기준으로 피상속인 명의의 모든 금융채권(명칭여하를 불문하고 각종예금, 보험계약, 예탁증권, 공제 등), 채무(명칭여하를 불문하고 대출, 신용카드이용대금, 지급보증 등 우발채무 및 특수채권, CB사가 보유한 비금융상거래채무정보 등) 및 피상속인 명의의 국민주, 미반환주식, 대여금고 및 보호예수물, 보관어음 등의 정보가 있는 금융회사와 신용정보관리규약에 규정한 공공정보(체납정보 등)* 및 상조회사 가입여부를 알려드립니다. 다만 조회가 불가능한 일부 금융회사가 있으므로 이 경우 별도로 해당 금융회사에 직접 조회하셔야 합니다. (각 금융협회 홈페이지나 담당자를 통해 조회 불가능한 회사 확인 가능)

* 일정기간 이상 체납한 일정금액 이상의 국세·지방세·관세·과태료·고용보험료·산재보험료·임금의 체납(불), 채무불이행자 결정 사실, 신용회복지원 정보 등(한국신용정보원에서 관리·보유)

** 전국 지자체의 '안심상속 원스톱서비스'를 이용하는 경우 지방세(체납·고지세액), 자동차(소유내역), 토지(소유내역)정보 신청 가능, 다만 사망일이 속한 달의 말일로부터 6개월이내에만 신청이 가능

※ 상조회사는 선수금을 은행에 예치(또는 지급보증)하여 보전하고 있는 업체만 대상이며, 상조회사 가입사실은 신청서상의 피상속인의 성명, 생년월일, 휴대폰번호 3개 정보가 상조회사 가입시 제출한 정보와 모두 일치하는 경우에만 확인할 수 있습니다.(지자체 접수시 피상속인의 휴대폰번호가 기재되지 않은 경우 확인 불가)

□ 상속인의 위임을 받아 대리인이 신청을 하는 경우 조회결과는 대리인에게 통지됩니다.

(단, 연금 가입 여부는 상속인에게만 통지)

□ 상속인 금융거래조회 절차는 다음과 같습니다.

신청서 접수(내방접수만 가능)
(접수처: 금융감독원, 전 은행(수출입은행, 외은지점제외), 농·수협단위조합, 우체국, 삼성생명 고객프
라자, 한화생명 고객센터, KB생명 고객플라자, 교보생명 고객플라자, 삼성화재 고객플
라자, 유안타증권)
*사망신고 접수를 담당하는 시청이나 구청, 읍·면·동 주민센터 민원실에서도 접수 가능

⇩

| 각 금융협회에 피상속인 등의 금융거래조회 요청 | (금융감독원 ⇒ 금융협회 등) |

⇩

| 각 금융협회에서 소속 금융회사에 조회 요청 | (금융협회 등 ⇒ 금융회사) |

⇩

| 금융회사에서 조회결과를 소속 금융협회에 통지 | (금융회사 ⇒ 금융협회 등) |

⇩

| 금융협회에서 조회결과를 취합 후 신청인에게 조회완료 통보 및 조회결과 홈페이지 게재 | (금융협회 등 ⇒ 신청인) |

* 접수처인 금융회사에 사망자 등의 금융거래가 없어도 신청가능.

□ 상속인이 미성년자인 경우 만14세이상은 본인이나 법정대리인(또는 후견인)이 신청할 수 있으며, 만14세미만은 법정대리인(또는 후견인)만 신청이 가능합니다.

□ 상속인 금융거래조회는 금융회사의 계좌존재 유무와 예금액·채무액을 통지하므로 정확한 잔액, 거래내역 등 상세한 내역(사망 후 해지계좌 포함)은 해당 금융회사를 방문하여 별도의 절차를 거쳐 확인하셔야 합니다. 신청서 및 접수증에 기재된 상속인에 한해 접수증, 신분증만으로 신청일로부터 3개월 내에는 해당 금융회사에서 거래정보 등을 제공받을 수 있습니다. 대리인의 경우 접수증, 신분증 외에 금융사가 요구하는 위임관련 서류를 지참해야 합니다. 이외 필요서류 등은 방문 전에 반드시 확인하시기 바랍니다. 예금 등의 상속(명의변경 및 지급 등)시에는 금융회사가 정한 절차에 의해 필요서류를 받을 수 있습니다.

□ 조회완료시 각 금융협회에서 문자메시지 등을 이용하여 신청인에게 통보하고 각 금융협

회 홈페이지에 조회결과를 게시합니다. 다만 접수일로부터 3개월간만 홈페이지에서 조회 가능하며 조회결과는 서면으로 통보되지 않습니다.(각 금융협회별로 조회결과를 개별적으로 통보하므로 통보시기가 금융협회별로 다름)

※ 접수일로부터 3개월까지 금융감독원 홈페이지(http://www.fss.or.kr)에서 각 금융협회에서 제공하는 상속인 금융거래조회 결과를 일괄조회 할 수 있습니다. 다만 조회결과에 대한 자세한 문의는 각 금융협회 또는 해당 금융회사로 하셔야 합니다.

□ 각 금융협회 홈페이지 및 전화번호

협회명	홈페이지주소	전화번호	조회가능금융기관	예상소요기간
예금보험공사	www.kdic.or.kr	02-758-0114	영업정지 등 보험사고 발생 부보 금융회사	3 ~ 10일
전국은행연합회	www.kfb.or.kr	3705-5000	은행, 수협, 농축협	10 ~ 15일
한국신용정보원	www.kcredit.or.kr	1544-1040	신보, 기신보, 주금공 등	10 ~ 15일
생명보험협회	www.klia.or.kr	02-2262-6600	생명보험	6 ~ 10일
손해보험협회	www.knia.or.kr	02-3702-8500	손해보험	3 ~ 7일
금융투자협회	www.kofia.or.kr	02-2003-9000	금융투자회사	7 ~ 10일
여신금융협회	www.crefia.or.kr	02-2011-0700	카드, 리스, 할부금융	15 ~ 20일
저축은행중앙회	www.fsb.or.kr	02-397-8600	저축은행	15 ~ 20일
신협중앙회	www.cu.co.kr	042-720-1000	신용협동조합	10 ~ 15일
새마을금고중앙회	www.kfcc.co.kr	02-2145-9205	새마을금고	10 ~ 15일
산림조합중앙회	banking.nfcf.or.kr	042-620-0300	산림조합	10 ~ 15일
한국예탁결제원	www.ksd.or.kr	02-3774-3000	증권	10 ~ 15일
우체국	www.epostbank.go.kr	02-2195-1376	우 체 국	7 ~ 10일
한국대부금융협회	www.clfa.or.kr	02-3487-5800	대부업체	7 ~ 14일

※ 국세는 국세청 홈택스(http://www.hometax.go.kr), 국민연금 가입유무는 국민연금공단 홈페이지(http://www.nps.or.kr)에서 확인 가능하고, 공무원연금, 사학연금 및 군인연금 가입유무는 해당 기관에서 문자메세지 또는 이메일로 결과를 제공합니다.

□ 예상소요기간은 전산사정 등에 따라 초과될 수 있습니다. 따라서 각 금융협회별 예상소

요기간이 경과한 후에도 조회완료사실이 통보되지 않으면 각 금융협회 홈페이지를 접속하거나 유선으로 문의하여 확인하시기 바랍니다.

▫ 금융회사는 **사망자의 계좌에 대하여 조회신청사실을 통보받게 되면 통상 해당계좌에 대하여 임의로 거래정지 조치를 취하여** 해당 계좌의 입·출금(자동이체포함) 등이 제한될 수 있으며, 이후의 예금지급은 원칙적으로 상속인 전원의 청구에 의하여 해당 금융기관에서만 지급이 가능합니다.

▫ **접수증에 기재된 접수번호**는 각 금융협회 홈페이지에서 조회결과를 확인할 때 **신청인 본인 여부의 확인을 위하여 필요하므로 반드시 기억**하시기 바랍니다.

※ 극히 드문 일이나 금융회사의 전산오류 등으로 조회결과가 사실과 다를 수도 있음을 유념하시기 바랍니다.

출처: 금융감독원 홈페이지(http://www.fss.or.kr)

표 10-11 상속인 금융거래조회 신청서 서식

상속인 금융거래조회 신청서

금융감독원이 상속인 금융거래 조회서비스 처리를 위해서는 신청인 및 사망자 등의 주민등록번호를 포함한 개인(신용)정보의 수집·이용, 금융회사 제공을 통한 사실관계 확인이 필요합니다. 이를 원하지 않을 경우 상속인 금융거래 조회서비스 제공이 불가능합니다.

접수번호	☐☐☐☐ - ☐☐ - ☐☐☐☐☐		신청사유	☐ 사망 ☐ 실종 ☐ 금치산(피성년후견) ☐ 피한정후견 ☐ 상속재산관리	

신청인(상속인, 금치산자의 후견인 또는 성년후견인, 한정후견인, 상속재산관리인) 정보

상속인 (성년후견인 한정후견인 상속재산관리인)	성명		주민등록번호		사망자 등과 관계	
	주소				휴대폰번호	
					e-mail	
대리인	성명		생년월일		※ 대리신청의 경우만 작성	
	주소				휴대폰번호	
					e-mail	

사망자 등(실종자, 금치산자 또는 피성년후견인, 피한정후견인) 정보

사망자 (실종자 피성년후견인 피한정후견인)	성명		주민등록번호		사망일(선고일)	
					휴대폰번호	

조회대상기관	☐ 전 체
	☐ 예금보험공사 ☐ 은행 ☐ 우체국 ☐ 생명보험 ☐ 손해보험 ☐ 금융투자회사 ☐ 여신전문금융회사 ☐ 저축은행 ☐ 새마을금고 ☐ 산림조합 ☐ 신용협동조합 ☐ 한국예탁원 ☐ 종합금융회사 ☐ 대부업체 ☐ 한국신용정보원* ☐ 공무원연금 ☐ 사학연금 ☐ 국세청 ☐ 국민연금 ☐ 군인연금
	* 신용보증기금·기술신용보증기금, 한국주택금융공사, 한국장학재단, 미소금융중앙재단, 한국자산관리공사, 나이스평가정보, 코리아크레딧뷰로, 한국기업데이터, 한국무역보험공사, 신용보증재단(신용보증재단중앙회), 중소기업중앙회 포함

구비서류	신청인 (대리인)	☐ 신청인(대리인) 신분증 ☐ 대리시 상속인위임장 및 본인서명사실확인서 또는 인감증명서
	사망	사망자 주민번호 기재된 ☐ 사망진단서 또는 ☐ 기본증명서(사망일 기재) 사망자 기준 ☐ 가족관계증명서(3개월내 발급, 주민번호 기재) 또는 ☐ 가족관계증명서 열람(지자체) 또는 ☐ 제적등본(2008년 이전 사망자 또는 필요시)
	실종	☐ 법원심판문(실종선고) 및 확정증명원 또는 ☐ 판결내용이 기재된 기본증명서
	후견	☐ 성년(한정)후견개시 심판문 및 확정증명원 또는 ☐ 후견등기사항전부증명서
	상속재산관리	☐ 법원심판문(상속재산관리인선임) 및 확정증명원

출처: 금융감독원 홈페이지(http://www.fss.or.kr)

행정정보 공동이용 동의서(공무원연금, 사학연금, 국세청, 국민연금, 군인연금)

위 신청인(상속인 또는 대리인)은 상속인 조회서비스 업무처리와 관련하여 담당자가 「전자정부법」 제36조 제2항에 따른 행정정보의 공동이용을 통하여 담당자 확인사항을 확인하는 것에 동의합니다. 이에 동의하지 않는 경우에는 신청인이 직접 관련 서류를 제출해야 합니다.

신청인(상속인 또는 대리인) :   (서명 또는 날인)

위 신청인(상속인 또는 대리인)은 휴대폰 인증 등을 통해 금융감독원 홈페이지에서 통합조회서비스를 제공받고, 접수시 제출한 구비서류의 내용을 개별 금융회사가 상속인 확인시 활용할 것을 요구하고 이에 동의하며, 위와 같이 사망자 등의 금융거래(CB사의 비금융상거래채무정보 포함), 신용정보관리규약에 규정한 공공정보 및 상조회사 가입여부 제공을 신청합니다.

년   월   일

신청인(상속인 또는 대리인) :   (서명 또는 날인)

※ 조회완료시 각 금융협회에서 문자메시지 등을 이용하여 신청인에게 통보하고 각 금융협회 홈페이지에 조회결과를 게시합니다. 접수 후 3개월까지 금융감독원 홈페이지 (http://www.fss.or.kr) 또는 금융민원센터(http://www.fcsc.kr)에서 일괄조회 할 수 있습니다.
※ 금융감독원 홈페이지 또는 금융민원센터에서 일괄조회를 하기 위해서는 휴대폰 번호, 전자우편 주소 중 한 가지는 반드시 기재하셔야 합니다.
※ 상속인의 위임을 받아 대리인이 신청하는 경우 조회결과는 대리인에게 통지됩니다. 한편 공무원 연금, 사학연금, 국민연금, 군인연금의 경우 상속인 본인에게만 결과가 제공됩니다.
※ **상조회사**는 선수금을 **은행**에 예치(또는 지급보증)하여 보전하고 있는 업체만 조회대상이며, 상조회사 가입사실은 신청서상의 피상속인의 **성명, 생년월일, 휴대폰번호** 3개 정보가 상조회사 가입시 제출한 정보와 **모두 일치**하는 경우에만 확인할 수 있습니다.
※ 상속인 금융거래 조회서비스 신청을 하시게 되면 **조회대상자가 "사망자"인 경우** 금융회사에서 **금융계좌의 지급정지** 조치를 취할 수 있으니 유념하시기 바랍니다.
※ 자세한 내용은 '상속인 금융거래조회서비스 안내문'을 읽어보시기 바랍니다.

9. 전국 장례식장 리스트

지역	병원명	전화번호	소재지
서울	국립의료원	2265-9131	중구 을지로 6가 18-79
	카톨릭의과대학성모병원	789-1114	영등포구 여의도동 62
	인제대학부속백병원	2279-1121	중구 저동 2가 85
	한일병원	901-3114	도봉구 쌍문동 388의 1
	중앙대의과대학부속병원	2272-8111	중구 필동2가 82-1
	학교법인을지학원을지병원	2275-1631	중구 을지로3가 302의 1
	서울대학교병원	7660-2114	종로구 연건동 28
	이화여대의대부속동대문병원	760-5114	종로구 종로6가 70
	삼성의료재단강북삼성병원	739-3211	종로구 평동 108
	서울적십자병원	737-4581	종로구 평동 164
	고려대의과대학부속병원	927-5111	성북구 안암동 5가 126-1
	한국병원	763-1461	종로구 재동 55
	서울특별시립 동부병원	923-5377	동대문구 용두2동 118-20
	서울위생병원	923-5377	동대문구 용두2동 118-20
	카톨릭의과대학성바오로병원	958-2114	동대문구 전농동 620의56
	경희대의과대학부속병원	965-3211	동대문구 회기동1
	국립경찰병원	448-9171	송파구 가락본동 58번지
	한양대의대부속병원	2290-8114	성동구 행당동 산 17
	연세대의대세브란스병원	392-0161	서대문구 신촌동 134
	홍익병원	2693-5555	양천구 신정5동 899-1
	의법동부제일병원	437-5011	중랑구 망우1동 128-29
	오산당병원	520-8500	서초구 방배동 479-5
	삼성생명공익재단삼성서울병원	3410-2114	강남구 일원동 50번지
	국군수도병원	2651-0955	강서구 등촌동 산71 사서함 35호

지역	병원명	전화번호	소재지
서울	서안복음병원	2604-7551	양천구 신월5동 51-11
	세림의료재단세림간호병원	396-9161	서대문구 홍은동 3-430
	의료법인희명병원	804-0002	금천구 시흥본동 882-31
	의료법인노원을지병원	972-0033	노원구 하계동 280번지
	삼정의료재단효동병원	485-2131	강동구 성내동 551-1
	대한병원	903-3231	강북구 수유동 45-5
	세란병원	737-0181	종로구 무악동 32-2
	의료법인의선의료재단신라병원	974-0180	노원구 월계동 50-1
	순천향의대부속순천향병원	797-9881	용산구 한남동 657의58
	학국보훈병원	482-0111	강동구 둔촌동 6의2
	서울특별시립보라매공병원	8302-257	동작구 신대방2동 395
	한국대부속한강성심병원	2633-9111	영등포구 영등포동2가 94-200
	지방공사강남병원	554-9011	강남구 삼성동 171-1
	한림대학동산성심병원	965-3601	동대문구 청량리동 235의2
	학교법인명지학원명지병원	364-8251	서대문구 북아현동 775
	한림대부속강남성심병원	388-3781	영등포구 대림 1동 948-1
	카톨릭의과대학강남성모병원	590-1114	서초구 반포동 505번지
	새한병원	988-0232	강북구 미아5동 62-28
	제일병원	2274-1231	중구 묵정동 1-23
	의료법인 성애병원	846-7541	영등포구 신길1동 451의5
	한국원자력연구소부설원자력병원	974-2501	노원구 공릉동 2-15-4
	동서울병원	926-9171	동대문구 신설동 98의28
	건국대학교부속민중병원	450-9730	광진구 화양동 27-2
	연세대의대영동세브란스병원	3450-2114	강남구 도곡동 146-92
	의료법인서울기독병원	495-5621	중랑구 면목3동 568의 1
	서부병원	359-0591	은평구 응암동 87의 14
	남서울병원	415-5001	송파구 석촌동 285
	고려대의과대학부속구로병원	864-5111	구로구 구로동 80번지

지역	병원명	전화번호	소재지
서울	서울병원	832-0151	영등포구 신길3동 232-84
	중앙대의과대학부속용산병원	799-2114	용산구 한강로 3가 65-207
	백산의료재단강동카톨릭병원	480-2700	강동구 천호4동 357
	방지거병원	463-6111	광진구 구의동 244-5
	제성병원	2642-1313	양천구 목4동 793-3
	한라병원	464-2700	성동구 성수 2가 279-45
	복음병원	2231-7761	성동구 금호동2가 500-9
	강동병원	482-1064	강동구 성내동 78-1
	충무병원	2678-0041	영등포구 영등포동4가 93
	대림성모병원	832-1011	영등포구 대림동 978의 13
	의료법인청구성심병원	385-5511	은평구 갈현동 395의1
	강동성심병원	488-0111	강동구 길동 445
	소화아동병원	717-6701	용산구 서계동 224의 32
	혜민병원	453-3131	광진구 자양1동 627-3
	잠실종합병원	414-7751	송파구 삼전동 9의3
	아산재단서울중앙병원	2224-3114	송파구 풍납동 388-1
	인제대부속상계백병원	938-0100	노원구 상계 7동 761-1
	아산재단금강병원	799-5000	용산구 이촌 1동 301-165
	성광의료재단차병원	557-2611	강남구 역삼1동 650-9
	명지성모병원	845-6113	영등포구 대림2동 709-1
	서울성심병원	2213-3344	동대문구 답십리 3동 463-19
	이화여대부속목동병원	2650-5114	양천구 목동 911-1
	홍익병원	2693-5555	양천구 신정5동 899-1
부산	메리놀병원	465-8801	중구 대청동4가 12
	부산대학교병원	230-7159	서구 아미동 1가 10
	고신대의학부고신의료원	548-5161	서구 암남동 34
	왈레스기념침례병원	466-9331	동구 초량3동 1147-2
	성분도병원	466-7001	동구 초량동 31-3

지역	병원명	전화번호	소재지
부산	인제대학교부속부산백병원	894-3431	부산진구 개금동 633-165
	대동병원	554-1233	동래구 명륜 1동 530의 1
	지방공사부산직할시의료원	866-9031	연제구 연상4동 6605-37
	부산위생병원	242-9751	서구 서대신동 가 382
	춘해병원	645-8971	진구 범천 1동 873의 44
	재해병원	623-0121	남구 대연3동 73의 15
	한국보훈복지공단부산보훈병원	313-7871	사상구 주례2동 235
	일산기독병원	634-1501	동구 좌천동 471
	해동병원	412-6161	영동구 봉래동 3가 37
	세강병원	756-0081	수영구 광안 1동 491-10
	한미병원	512-0005	금정구 부곡3동 223-83
	동아의료원	247-6600	서구 동대신동 3가 1
	동의대학교부속병원	861-5101	부산진구 양정4동 산45-1
	해운대성신병원	743-5555	해운대구 중1동 808-3
	광혜의료재단광혜병원	503-2111	동래구 온천3동 1426-7
	김원묵기념봉생병원	646-9955	동구 좌천 1동68-11
	시민병원	522-6000	금정구 서2동 199-19
	제중병원	864-0081	연제구 연산5동 703-4
	동산병원	203-1371	사하구 괴정3동 1003번지
	의료법인은성의료재삼선병원	322-0900	사상구 주례2동 193-5
	동래봉생병원	531-6000	동래구 안락동 766번지
인천, 경기	지방공사인천의료원	760-7700	인천 중구 신흥동 2가 18
	인천기독병원	762-7831	인천 중구 율목동 237
	카톨릭의대부속성모자애병원	510-5500	인천 부평구 부평6동 665
	동인천길병원	764-9011	인천 중구 용동 117
	카톨릭의과대한성빈센트병원	30-2114	수원 팔달구 지동 93
	성남중앙병원	43-3000	성남 중원구 금광2동 3956
	성남병원	752-9200	성남 수정구 태평1동 5113-2

지역	병원명	전화번호	소재지
인천, 경기	세종병원	662-2211	부천 소사구 소사본2동 91-121
	의왕고려병원	452-2621	경기 의왕시 오전동 310
	산재의료관리원중앙병원	518-0541	인천 부평구 구산동 산73
	연세대의대인천세브란스병원	572-7501	인천 서구 가정동 306의 1
	연세대의대인천세브란스병원	572-7501	인천 서구 가정동 306의 1
	한성병원	452-0011	안양 동안구 호계동 968-18
	의료법인부평안병원	524-0591	인천 부평구 청천동 302
	의료법인동수원병원	211-6121	수원 팔달구 우만동 441
	의료법인중앙병원	442-8111	안양 만안구 안양6동 산 160
	카톨릭의대부속성가병원	330-2114	부천 소사구 소사본2동 2
	의료법인광명성애병원	685-0551	경기 광명시 철산3동 389
	부천대성병원	685-0141	부천 원미구 심곡동 110-1
	고려대의과대학부속안산병원	482-1511	경기도 안산시 고잔동 516
	인천적십자병원	883-9011	인천 남구 숭의 341-21
	학교법인인하학원인하병원	560-5000	성남 수정구 태평2동 3309-327
	지방공사경기도의료정부의료원	873-0001	경기 의정부시 의정부2동 433
	카톨릭의학부붑속의정부성모병원	820-3000	경기 의정부시 금오동 65-1
	의료법인중앙길병원	432-9011	인천 남동구 구원동 1198
	지방공사경기도포천의료원	532-0130	경기 포천군 포천읍 신읍리 243-4
	지방공사경기도금촌의료원	641-5811	경기 파주군 금촌읍 금촌리 101
	지방공사경기도안성의료원	674-75220	경기 안성군 안성읍 당황동 455
	의료법인인천시광병원	425-2001	인천 남구 주안1동 144-2
	선제의료재단세영병원	962-6900	경기 고양시 화정동 산34-1
	안양병원	469-0151	안양 만안구 안양5동 613-9
	연세대의료부속용인세브란스병원	335-5552	경기 용인군 용인읍 역북리 305
	길의료재단남동길병원	446-9011	인천 남동구 논현동 449
	의료법인성민병원	571-3111	인천 서구 석남동 522-1
	아주대학교병원	219-5114	수원 팔달구 원천동 산5번지

지역	병원명	전화번호	소재지
인천, 경기	산재의료관리원안산중앙병원	306-2991	경기 안산시 일동 95
	의료법인수경의료재단서울병원	375-0081	경기 오산시 오산동 867-4
	의료법인해창의료재단신천병원	871-8320	경기 의정부시 가능동 109-4
	성광의료재단경희분당차병원	780-5000	성남 분당구 야탑동 351
	의료법인박애의료재단박애병원	652-2121	경기 평택시 평택동 41-2
	한양대학교의과대학부속구리병원	560-2114	경기 구리시 교문동 249-1
	양평길병원	772-3771	경기 양평군 양평읍 공흥리 316-2
제주	한국병원	750-0001	제주시 삼도1동 518
	의료법인한라병원	750-1234	제주시 삼도1동 154
	중앙병원	560-2072	제주시 일도2동 992-11호
	지방공사제주도서귀포의료원	730-3101	서귀포시 동흥동 1530-2호
강원	지방공사강원도춘천의료원	254-6843	춘천시 효자 3동 17-1
	아산재단인제병원	461-2131	인제군 인제읍 남북리 388
	동원보건원	592-3121	정선군 사북읍 사북리 75-1
	산재의료관리원장성병원	581-6081	태백시 장성동 195
	지방공사강원도삼척의료원	572-1141	삼척시 남양동 55의 9
	지방공사강원도영월의료원	374-4170	영월군 영월읍 영흥리 1066
	지방공사강원도원주의료원	761-6911	원주시 개운동 437
	의료법인동인병원	643-6161	강릉시 포남동 1065-2
	의료법인영동병원	532-3004	동해시 평릉동 134
	한림대학부속춘천성심병원	252-9970	춘천시 교동 153
	의료법인현대병원	646-5211	강릉시 옥천동 362
	지방공사속초의료원	632-6822	속초시 영랑동 591의 10
	지방공사강원도강릉의료원	646-6910	강릉시 남문동 164
	의료법인철원길병원	452-5011	철원군 갈말읍 군탄히 339
	아산재단홍천병원	430-5104	홍천군 홍천읍 갈마곡리 466-1
	의산의료재단강릉고려병원	642-1988	강릉시 옥천동 286-6
충북	지방공사충청북도청주의료원	274-2111	청주시 홍덕구 사직동 554-6

지역	병원명	전화번호	소재지
충북	의료법인청주병원	252-3101	청주시 상당구 북문로3가 39-1
	순천향음성병원	872-4297	음성군 음성읍 읍내리 785의2
	지방공사충청북도충주의료원	843-2210	충주시 문화동 1655
	의료법인제천주민병원	643-7141	제천시 교암동 566-1
	의료법인리라병원	257-2231	청주시 상당구 주중동 589-5
	자산의료재단제천서울병원	842-7605	체천시 서부동 1의8
	충북대학교병원	269-6484	청주시 흥덕구 개신동 62
	건국대학교의과대학부속병원	845-2501	충주시 교현동 620-4
	의료법인인화재단한국병원	221-6666	청주시 상당구 영운동 125-5
대전, 충남	충남대학교 병원	220-7114~5	대전 중구 대사동 630
	아산재단 보령종합병원	930-5114	충남 보령시 죽정동1
	학교법인 카톨릭의대 대전성모병원	252-9331	대전 중구 대흥동 520의 2
	의료법인 대전을지병원	255-7191	대전 중구 목동24
	의료법인 백제병원	733-2191	충남 논산군 논산읍 취암리 21-14
	순천향의대부속 순천향천안병원	565-3711	충남 천안시 봉명동 23의5
	천안 충무병원	570-7633	충남 천안시
	의료법인 대전성심병원	522-0711	대전 중구 월평동 187
	의료법인 대전선병원	252-7711	대전 중구 목동 10의7
	지방공사 충청남도홍성의료원	632-5121	충남 홍성군 홍성읍 고암리 572의 3
	지방공사 충청남도공주의료원	855-4111	충남 공주시 중동 330
	지방공사 충청남도천안의료원	568-2500	충남 천안시 봉명동 39-1
	지방공사 충청남도서산의료원	664-2101	충남 서산시 석림동 568-5
	산재의료관리원 대전중앙병원	631-8251	대전 대덕구 법동 285-3
	예산중앙병원	335-2255	충남 예산군 예산읍 예산리 477-3
	단국대의과대학부속병원	550-7114	충남 천안시 안서동 산 16-5
	예산병원	334-7114	충남예산군 예산읍 관작리 333-7
전북	전북대학교병원	250-1114	전주 덕진구 금암동 산2-20
	전주예수병원	280-0114	전주 완산구 중화산동1가 300

지역	병원명	전화번호	소재지
전북	아산재단정읍종합병원	530-6000	정읍시 용계동 350
	원광대학교부속병원	850-1114	익산시 신용동 344-2
	지방공사전라북도남원의료원	631-0011	남원시 동충동 171의2
	지방공사전라북도군산의료원	443-1831	군산시 금동 14
	개정병원	445-3135	군산시 개정동 413
	전주영동병원	286-1150	전주 덕진구 서노송동 685-27
	의료법인남원기독병원	625-1005	남원시 산곡동 125
광주, 전남	전남대학교병원	220-5591	광주 동구학1동 8
	조선대학교부속병원	220-3114	광주 동구 서석2동 588
	재단법인광주기독병원	650-5000	광주 남구 양림동 264
	아산재단부속보성병원	850-3114	전남 보성군 미력면 방용리 768
	광주적십자병원	224-0671	광주 동구 불로동 174
	해남종합병원	536-4116	전남 해남군 해남읍 해리 182-1
	성골롬반병원	270-1114	전남 목포시 산정동 97
	영광병원	353-8000	전남 영광군 영광읍 단주리 275
	남광병원	371-0061	광주 광산구 마륵동 120-1
	산재일관리원순천병원	746-2700	전남 순천시 조례동 544
	한국보훈복지공단광주보훈병원	672-1118	광주 남구 주월동 213-6
	조선대학교부속광양병원	771-7114	전남 광양시 금호동 624-4
	전남병원	641-7575	전남 여수시 광무동 120의 1
	의료법인성심병원	651-4701	전남 여수시 둔덕동 471-77
	지방공사전남강진의료원	433-2167	전남 강진군 강진읍 서성리 305-23
	나주병원	333-1501	전남 나주시 성북동 100-7
	지방공사목포의료원	272-2101	전남 목포시 용해동 133-1
	영성의료잰단고흥제일병원	832-1911	전남 고흥군 고흥읍 남계리 186
	대송의료재단무안병원	453-8311	전남 무안군 무안읍 성동리 165번지
	순천중앙병원	741-1001	전남 순천시 장천동 57-6
	동광주병원	260-7000	광주 북구 두암동 565-1/td>

지역	병원명	전화번호	소재지
광주, 전남	장흥병원	62-8300	전남 장흥군 장흥읍 건산리 383-5
경남	지방공사경상남도마산의료원	246-1071	마산시 회원구 중앙동3가 3
	의료법인우정병원거제기독병원	635-2187	거제시 신현읍 상동리 943-5
	산재의료관리원창원병원	282-5111	창원시 중앙동 104-1
	의료법인삼성의료재단마산삼성병원	298-1100	마산시 회원구 합성동 50
	동강병원	241-1114	울산시 중구 태화동 123의3
	의료법인영남병원	354-8102	밀양시 내이동 1196
	제일병원	752-5881	진주시 강남동 241
	마산파티마병원	245-8100	마산시 합포구 대성동 2가 6-1
	대우의료재단옥포대우병원	681-6161	거제시 도모동 363
	왕산의료재단왕산종합병원	532-1975	창녕군 창녕읍 탐하리 23-1
	지방공사경상남도진주의료원	745-8000	진주시 중안동4
	인석의료대잔언양동강병원	262-3151	울산시 울주군 삼남면 교동리 378
	고신의료재단김해복음병원	335-4601	김해시 삼정동 98-17
	경상대학교병원	755-0111	진주시 칠암동 92
대구, 경북	경북대학교병원	422-1277	대구 중구 삼덕동2가 52
	계명대학교동산병원	252-5101	대구 중구 동산동 194
	대구파티마병원	952-3051	대구 동구 신암동 302-1
	지방공사경상북도포항의료원	247-0551	경북 포항시 북구 용흥 1동
	아산재단부속영덕종합병원	730-0114	경북 영덕 영해 성내동 산37
	포항성모병원	272-0151	경북 포항시 남구 대잠동 270-1
	재단법인포항선린병원	244-2662	경북 포항시 북구 대산동 69-7
	순천향구미병원	463-7151	경북 구미시 공단동 250
	대구카톨릭대학병원	7626-5301	대구 남구 대명동 2056의6
	문경병원	552-6711	경북 문경시 점촌동 302-3
	안동성소병원	857-2321	경북 안동시 금곡동 177
	의료법입안동종합병원	821-1101	경북 안동시 용상동 1454의4
	영남대학영남의료원	623-8001	대구 남구 대명동 317의1

지역	병원명	전화번호	소재지
대구, 경북	운경재단곽병원	252-2301	대구 중구 수동 18
	영천성베드로병원	333-1191	경북 영천시 오수동 307
	동국대학포항병원	273-8111	경북 포항시 북구 죽도2동 646-1
	지방공사대구의료원	556-7571	대구 서구 중리동 1162
	가야기독병원	622-2301	대구 달서구 송현동 183-12
	동국대학교의과대학경주병원	748-9300	경북 경주시 석장동 1090-1
	의한성재단포항기독병원	275-0005	경북 포항시 남구 대도동 94-5
	대구보훈병원	363-1771	대구 달서구 도원동 948
	성격의료재단경상병원	811-7711	경북 경산시 백천동 4-2
	의료법인불교병원	655-0300	대구 달서구 본동 1144
	현암의료재단구미중앙병원	450-6700	경북 구미시 형곡동 855번지
	계명대학교의과대학경주동산병원	742-8515	경북 경주시 서부동 147-2
	경산동산병원	811-2101	경북 경산시 중방동 848-4
	선일의료재단마산성모병원	243-3311	마산시 합포구 중앙동3가 4-247
	아산재단해성병원	232-1301	울산시 동구 전화동 290의 3
	이성의료재단백천병원	275-1100	울산시 남구 신정2동 1651의9
	동마산병원	290-5195	마산시 회원구 석전2동 231-6
	의료법인반도의료재단반도병원	741-0191	진주시 장대동 100-10
	진주고려병원	753-7575	진주시 칠암동 485-2
	혜명심의료재단울산병원	259-5000	울산시 남구 신정5동 34-72

10. 전국 화장장 리스트

지역	화장시설	전체
서울	서울시립승화원(고양시)	94
서울	서울추모공원(서초구 원지동)	50
부산	부산영락공원	63
대구	대구명복공원	45
인천	인천가족공원	72
광주	광주시영락공원	32
대전	대전시정수원	28
울산	울산하늘공원	25
세종	세종시은하수공원	45
경기	수원시연화장	34
경기	성남시영생관리사업소	46
경기	용인 평온의 숲	27
강원	춘천안식원	12
강원	원주시립화장장	8
강원	동해시공설화장장	8
충북	충주시공설화장장 하늘나라	9
충북	제천시 영원한쉼터	9
충남	천안시설관리공단 천안추모공원	35
충남	홍성군 추모공원관리사업소	17

지역	화장시설	전체
전북	공주나래원	10
	전주시승화원	14
	군산시승화원	6
	남원시승화원	4
	익산시공설화장장정수원	6
	서남권추모공원	11
전남	목포추모공원	14
	여수시 영락공원 승화원	12
	순천시립 추모공원	12
	국립소록도 병원화장장	0
	광양시화장장	6
	재단법인 청계원	0
경북	포항시립우현화장장	10
	포항시구룡포화장장	0
	김천시공설화장장	5
	안동장사문화공원	10
	영주시화장장	5
	상주시승천원	6
	문경예송원	6
	의송군공설화장장	9
	울릉하늘섬공원	8
	경주하늘마루관리사무소	12
	구미시추모공원	12
경남	김해추모의공원	12
	남해추모누리영화원	6
	창원시립상복공원	22
	함안하늘공원	6
제주	제주특별자치도 양지공원	16

화장장 구비서류(지역 화장장마다 다릅니다. 사전 확인 필수!)

서울추모공원 화장장 구비서류

□ 공지사항
- 예약 30분 전까지 화장장 도착 및 접수
- 예약 25분 전부터 운구 시작
○ 사망신고 완료자는 말소자 초본 및 감면서류 원본 제출

□ 화장접수시 구비서류(원본제출)
- 병사 : 사망진단서 또는 시체검안서
- 사고사(외인사) : 사망진단서 또는 사체검안서, 검사지휘서

- 감면 서류
1. 국민기초생활수급증명서
2. 국가유공자 확인원(배우자의 경우 혼인관계증명서) 또는 국가보훈기본법에 따른 희생, 공헌자 확인원(원본)
3. 부대에서 발급한 군복무 확인서
4. 가족관계증명서, 주민등록초본, 관내소재 병원 또는 장례식장에서 장례를 치른 증빙서류

- 개장유골
분묘의 관할 읍, 면, 동사무소에서 발급한 개장신고증

- 내국인이 외국에서 사망하거나 외국인이 국내에서 사망한 경우
사망진단서 또는 사체검안서, 검사지휘서, 주재대사관이나 영사관에서 발급한 확인서(번역공증 필요함)
※ 외국인 등록증 또는 재외국인거소증 소지자는 해당 B) 외국인 등록 사실 증명서 B) 원본 소지

□ **행정정보**(e-하나로 민원) **열람처리**(2013.1.1.~)

- 지역구분 여부확인 : 예약된 고인 정보로 주민등록표 등본(초본) 열람
- 화장당일 감면요청(해당자)

국민기초생활수급자증명서, 국가유공자 확인원 행정정보 열람으로 감면처리

- 행정상 사망처리된 경우 별도 구비서류[주민등록 등본(초본), 감면요청 서류등] 제출

부산 영락공원 화장장 구비서류

□ **관내지역 기준**

- 고인이 사망 당시 부산광역시에 주소를 두고 사망한 자
- 개장유골의 경우는 분묘소재지를 기준으로 하되, 분묘소재지가 타시도인 경우는 사망 당시 부산시민 증빙서류 제출(말소자 등본, 주민등록초본표 등)
- 출입국관리법 제31조에 의거, 부산광역시에 3년이상 거주하다가 사망한 자(국내거소신고증 또는 국내거소신고 사실증명 서류 제출)

□ **인접/준관내 지역**

- 고인이 사망 당시 울산광역시 또는 경상남도에 주소를 두고 사망한 자
- 개장유골의 경우는 분묘소재지를 기준으로 하되, 분묘소재지가 타시도인 경우는 사망 당시 울산시민 또는 경남도민 증빙서류 제출(말소자 등본, 주민등록초본표 등)

□ **화장 접수시 구비서류**

- 병 사 : ①사망진단(사체검안)서 1부, ② 검사지휘서 1부
- 개장유골 : 분묘의 관할 읍, 면, 동사무소 등에서 발급한 개장신고(허가)서 1부
- 외국인 ①사망진단(사체검안)서 1부, ②사고사는 검사지휘서 1부, ③ 외국인등록증사본 1부
- ○ 대사관(영사관) 발급된 사망인증서를 번역 공증하여 제출하여야 함

  내국인이 외국에서 사망하거나 외국인이 국내에서 사망한 경우

  : 사망진단서 또는 사체검안서, 검사지휘서, 주재대사관이나 영사관에서 발급한 사망인정서 필요(번역공증필요) 또는 읍, 면, 동장의 확인서(죽은 태아의 경우는 제외한다)
- ○ 외국인 등록증 또는 재외국인거소증 소지자는 해당 신분증 사본 제출

  동, 면사무소에서 발급한 거주지 확인원으로 관내, 외 구분

※ 감면대상자 면제서류 추가 제출

 - 수급자증명서 1부, 국가유공자 확인원 1부(해당자에 한하며, 원본서류 제출)

□ 주의사항

1) 고인의 주소는 반드시 사망당시 주민등록상 주소지를 입력하여야 합니다.

   화장예약시 입력된 고인의 주소가 고인의 주민등록상 주소지와 다를 경우 화장이 불가합니다.

2) 관의 규격이 (길이)2,000㎜, (너비) 580㎜, (높이) 450㎜를 초과할 경우, 반드시 사전에 입로 가능

   여부를 전화문의해 주시기 바랍니다.

3) 주차장이 협소하오니 장의차량은 화장시간에 맞추어 입차해 주시기 바랍니다.

출처: 보건복지부 e하늘 장사정보시스템(www.ehaneul.go.kr)

11. 전국의 납골묘 리스트

지역(개소)	납골당명	위치	전화번호	비고
서울특별시 (5개소)	승화원제1추모의집	경기도 고양시 덕양구 대자동 산 178-1	02)356-9609	공설
	승화원제2추모의집	경기도 고양시 덕양구 대자동 산 178-1	02)356-9609	공설
	용미리 분묘형 추모의집	경기도 파주시 광탄면 용미리 산 107	031)943-8208	공설
	옥외벽식 추모의집	경기도 파주시 광탄면 용미리 산 107	031)943-8208	공설
	용미리 건물식 추모의집	경기도 파주시 광탄면 용미리 산65-7	031)943-3937	공설
부산광역시 (3개소)	제1영락원	금정구 선두구동 1494-1	051)508-9000	공설
	구영락원	금정구 선두구동 산80	051)508-9000	공설
	제2영락원	금정구 선두구동 1494-1	051)508-9000	공설
인천광역시 (4개소)	인천시납골당	부평구 부평2동 산57-1	032)522-4897	공설
	시립금마총	부평구 부평2동 산52-4	032)522-0570	공설
	월곶리납골당	강화군 강화읍 월곶리 산8	032)934-0002	공설
	봉련사추모원	강화군 송해면 하도리	032)933-9501	공설
강원도 (7개소)	춘천시립납골당	춘천시 동래면 학곡리 산6-3	033)261-7314	공설
	원주시납골당	원주시 태장2동 산 150	033)742-3584	공설
	강릉시납골당	사천면 석교리 산163	033)640-4848	공설
	태백시납골당	창죽동 산78-11	033)550-2844	공설
	속초시납골당	속초시 노학동 산155-8	033)635-7023	공설
	삼척시납골당	삼척시 등봉동 산115-2	033)574-7912	공설
	정선군납골당	정선군 사북읍 사북1리 247	033)592-2847	공설
경기도 (10개소)	수원시연화장	수원시 팔달구 하동26	031)217-1559	공설
	성남시납골당	성남시 중원구 갈현동 산112	031)754-2268	공설
	벽제중앙추모공원	고양시 덕양구 대자동 278-5	031)964-7799	사설
	태고종경은사	고양시 덕양구 대자동 351-6	031)964-4441	사설
	관음종장안사	고양시 일산구 풍동 138-6	031)901-1954	사설
	청아공원납골당	고양시 일산구 설문동 478-11	031)916-6700	사설
	모란납골당	남양주시 화도읍 창현리 산21-1	031)594-6362	사설
	오봉사납골당	의왕시 고천동 산26-4	031)451-3605	사설
	상락원	파주시 아동동 산17-1	031)941-3416	사설

지역(개소)	납골당명	위치	전화번호	비고
경기도 (10개소)	보장사영각당	안양시 만안구 석수동 240-10	031)471-3322	사설
	통일로납골당	파주시 조리읍 장곡리 600-38	031)943-3501	사설
전라남도 (8개소)	목포시납골당	무안군 삼향면 기산리 산 115-8	061)272-2171	공설
	여수시공설납골당	여수시 소라면 봉두리 산 190	061)685-4269	공설
	순천시공설납골당	순천시 양흥동 270-2	061)749-3345	공설
	광양시영락당	광양시 광양읍 죽림리 산 18-1	061)762-4449	공설
	국립소록도병원납골당	고흥군 도양면 소록리 2	061)840-0507	공설
	백양사영각당	장성군 북하면 약수리 29	061)392-7502	사설
	불문사납골당	화순군 도곡면 효산리 367-5	061)372-4567	사설
	담양천주교부활의집	담양군 월산면 광암리 산57-1	062)227-7124	사설
광주광역시(1개소)	영락공원납골당	북구 효령동 100-2	062)572-4384	공설
충청북도 (10개소)	청주시목련당	청주시 상당구 월오동 산2-1	043)220-6805	공설
	제천시립납골당	제천시 송학면 포전리 594	043)644-6613	공설
	청원군시범납골당	청원군 가덕면 청용리 산24-9	043)297-5088	공설
	청원군오창면공원묘지납골당	청원군 오창면 양청리 산84-85		공설
	숭조당(영동군)	영동군 용산면 매곡리 산65-4	043)622-3675	사설
	대지공원납골당	음성군 생극면 신양리 산45-1	043)878-3854	사설
	음성납골공원	음성군 생극면 관성리 392-16	043)878-4444	사설
	한마음선원납골당	음성군 금왕읍 무극리 산5-36	043)877-5000	사설
	용흥사지장전납골당	음성군 금왕읍 용계리 166-1		
	조계종미타사납골당	음성군 소이면 비산리 89-1	043)873-0330	
충청남도 (17개소)	천안시립납골당	천안시 백석동 산24-1	041)550-2448	공설
	보령시공설납골당	보령시 성주면 새화리 산42-1	041)933-5671	공설
	서산시공설납골당	서산시 인지면 산동리 산42-6	041)660-3719	공설
	논산영명각	논산시 양촌면 중산리 산13-2	041)730-1341	공설
	논산시공설납골당	논산시 양촌면 중산리 산13-2	041)730-1341	공설
	계룡정명각	논산시 두마면 입암리 140-1	041)840-2342	공설
	금산군공설납골당	금산군 복수면 신대리 산30-2	041)752-8503	공설
	연기군공설납골당	연기군 전동면 봉대리 산30-2	041)861-2341	공설
	서천군공설납골당	서천군 판교면 심동리 산73-1	041)955-4440	공설
	청양군공설납골당	청양군 화성면 수정리 산126	041)940-9314	공설
	홍성군공설납골당	홍성군 금마면 봉서리 120-13	041)633-7780	공설
	예산영안각	예산군 예산읍 주교리 38-2	041)231-2681	공설

지역(개소)	납골당명	위치	전화번호	비고
충청남도 (17개소)	예산군공설납골당	예산군 응봉면 평촌리 산37-1	041)330-2277	공설
	태안군영묘전	태안군 남면 당암리 908-2	041)670-2311	공설
	당진군공설납골당	당진군 우강면 송산리 산53	041)350-3345	공설
	아산영각납골당	아산시 송악면 유곡리 산74	042)736-6016	사설
	영각납골당부여영호각	부여군 세도면 수고리 100-3	042)584-3618	사설
	영생원	익산시 석왕동 산83-1	063)833-3657	공설
	대원전	익산시 왕궁면 동봉리 산109	063)836-4311	사설
	남원시납골당	남원시 광치동 690-1	063)620-6357	공설
	평화원	김제시 공덕면 공덕리 1167	063)853-1024	사설
경상북도 (13개소)	경주시공설납골당	경주시 강동면 단구리 산41-1	054)761-3810	공설
	안동시공설납골당	안동시 임하면 고곡리 499	054)822-8870	공설
	구미시공설숭조당	구미시 옥성면 초곡리 산6-1	054)481-0572	공설
	칠곡군공설납골당	칠곡군 지천면 낙산리 산132-7	054)312-1755	공설
	영호공원사설 납골당	경주시 산내면 감산리 1976-1	054)751-6831	사설
	안동공원사설 납골당	안동시 풍산읍 노리 422	054)857-7023	사설
	만불지장회 사설납골당	영천시 북안면 고지리 10-1	054)335-0101	사설
	카톨릭군위 공원납골당	군위군 군위읍 용대리 산69	054)253-4856	사설
	남양사설 납골당	성주군 선남면 오도리 산6-1	054)932-4444	사설
	우성사설 납골당	성주군 선남면 용신리 산46	054)933-4774	사설
	조양사설 납골당	칠곡군 지천면 달서리 산2-2	054)972-2922	공설
	영남납골당	성주군 선남면 오도리 92-1	054)429-7771	공설
	영락공원 납골당	영주시 이산면 신암리 1395-24	054)634-3444	공설
대구광역시 (2개소)	공설납골당	경북 칠곡면 지천면 낙산리 산167	053)312-1755	공설
	극락당	대구광역시 남구 봉덕3동 1301-20	053)474-8828	사설
대전광역시 (2개소)	구봉산영락원	서구 괴곡동 산55-1	042)583-4708	공설
	구암사극락전	유성구 안산동 93-1	042)822-2377	사설
경상남도 (11개소)	진주시공설납골당	진주시 장재동 245	055)759-3672	공설
	진해시공설납골당	진해시 제덕동 750	055)548-2152	공설
	통영시공설납골당	통영시 정량동 51-2	055)645-4133	공설
	고성군공설납골당	고성군 상리면 자은리 산85-1	055)670-2629	공설
	남해군공설납골당	남해군 서면 연죽리 산8	055)860-3317	공설
	산청군공설납골당	산청군 신동면 가술리 산4	055)973-2491	공설
	마산공원묘원납골당	마산시 진동면 인곡리 산72-4	055)271-1700	사설

지역(개소)	납골당명	위치	전화번호	비고
경상남도 (11개소)	한마음선원	진주시 미천면 오방리 산27-2	055)744-1321	사설
	은적납골공원	사천시 곤명면 마곡리 산68	055)757-0008	사설
	김해공원묘원납골당	김해시 삼계동 산160-1	055)331-0823	사설
	용국사영혼의 쉼터	의령군 의령읍 하리 844	055)572-3233	사설
제주도(2개소)	제주시공설납골당	제주시 노형동 산17-4	064)750-7314	공설
	남제주군납골당	남제주군 성산읍 수산리 4711-7	064)787-6044	

12. 전국 공원묘지 리스트

지역(개소)	납골당명	위치	전화번호	비고
서울특별시 (5개소)	용미리 1묘지	경기도 파주시 광탄면 용미리 산91-1	031)942-0642	
	용미리 2묘지	경기도 파주시 광탄면 산65-1	031)943-3937	
	벽제리 묘지	경기도 고양시 덕양구 벽제동 산4-1	031)964-3443	
	망우리 묘지	서울시 중랑구 망우동 산51	02)434-3337	
	내곡리 묘지	경기도 남양주시 진접읍 내곡리 산99	02)434-3337	
부산광역시(1개소)	시립공원묘지	금정구 두구동, 남산동, 청룡동 일원	051)508-6022	
대구광역시 (4개소)	시립공원묘지	칠곡군 지천면 낙산리 산71, 167 일대	053)312-1755	
	동명가족묘지	칠곡군 칠곡면 동명면 금암리 산25 일대	053)350-7344	
	동명공동묘지	칠곡군 동명면 학명리 산145-1 일대	053)350-7344	
	성서공동묘지	달서구 장동 산49 일대	053)630-0311	
광주광역시 (2개소)	망월동묘지	북구 운정동 산 45번지	062)222-4742	
	영락공원묘지	북구 효령동 산 100-2	062)572-4384	
대전광역시(1개소)	대전광역시시립공원묘지	서구 괴곡동 산55번지	042)583-4708	
인천광역시 (118개소)	영종공설묘지	중구 운북동 산154-1	032)760-7341	
	주안8동공설묘지	남구 주안8동 62-6~산63 일원	032)880-4341	
	옥련동공설묘지	연수구 옥련동 산52-1		
	청학동외국인묘지	연수구 청학동 산53-2		
	장수동 공동묘지	남동구 장수동 산1333	032)466-3804	
	운연동공동묘지	남동구 운연동 산45~산89	032)466-3804	
	수산동공동묘지	남동구 수산동 산14	032)466-3804	
	도림동공동묘지	남동구 도림동 산33	032)466-3804	
	논현동공동묘지	논현동 산 40-1~2번지	032)466-3804	
	부평묘지공원	부평2동 산 57번지	032)522-0570	
	가정동공동묘지	가정동 산 53번지	032)560-4973	
	검암동공동묘지	검암동 산73번지	032)560-4973	
	경서동공동묘지	경서동 산 249번지	032)560-4973	
	원창동공동묘지	원창동 산 143번지	032)560-4973	
	자월면공설묘지	옹진군 자월면 이작1리	032)880-2605	

지역(개소)	납골당명	위치	전화번호	비고
인천광역시 (118개소)	자월면공설묘지	옹진군 자월면 이작2리	032)880-2605	
	자월면공설묘지	옹진군 자월면 승봉리	032)880-2605	
	영흥면공설묘지	옹진군 영흥면 내리	032)880-2607	
	영흥면공설묘지	옹진군 영흥면 내5리	032)880-2607	
	영흥면공설묘지	옹진군 영흥면 외리	032)880-2607	
	영흥 면공설묘지	옹진군 영흥 면 선재리	032)880-2607	
	원당 묘지	원당동 산 87번지	032)560-4544	
	왕길 묘지	왕길동 산 120번지	032)560-4544	
	불로 묘지	불로동 산 80번지	032)560-4544	
	대곡 묘지	대곡동 산 202번지	032)560-4544	
	인천개발묘원	왕길동 116	032)564-0008	
	국화공원묘지	강화읍 국화리 산 295-1	032)934-0002	
	월곳공설묘지	강화읍 월곳리 산 8번지	032)933-0001	
	남산묘지	강화읍 남산리 산 50번지	032)933-0001	
	창리공설묘지	강화군 선원면 창리 산 84번지	032)933-4303	
	신정리공설묘지	강화군 선원면 신정리 산 63번지	032)933-4303	
	두운리공설묘지	강화군 불은면 두운리 산 243번지	032)937-5301	
	상동암묘지	강화군 불은면 삼동암리 산 217-2	032)937-5301	
	고능묘지	강화군 불은면 고능리 산 172번지	032)937-5301	
	넙성묘지	강화군 불은면 넙성리 산 5번지	032)937-5301	
	신현묘지	강화군 불은면 신현리 산 59-3번지	032)937-5301	
	덕성묘지	강화군 불은면 덕성리 산 118번지	032)937-5301	
	삼성묘지	강화군 불은면 삼성리 산 77-2번지	032)937-5301	
	길직2리묘지	강화군 길상면 길직리	032)937-0002	
	온수묘지	강화군 길상면 온수리 산 16번지	032)937-0002	
	선두묘지	강화군 길상면 선두리 산 204번지	032)937-0002	
	동검묘지	강화군 길상면 동검리 산 122번지	032)937-0002	
	초지묘지	강화군 길상면 초지리 산 20번지	032)937-0002	
	장흥묘지	강화군 길상면 장흥리 산 69-1번지	032)937-0002	
	길직1리묘지	강화군 길상면 길직리 산 247번지	032)937-0002	
	내리묘지	강화군 화도면 내리 산 18, 44번지	032)937-1001	
	덕포묘지	강화군 화도면 덕포리 산 83번지	032)937-1001	
	사기묘지	강화군 화도면 사기리 산 116번지	032)937-1001	

지역(개소)	납골당명	위치	전화번호	비고
인천광역시 (118개소)	장화묘지	강화군 화도면 장화리 산 354번지	032)937-1001	
	길정묘지	강화군 양도면 길정리 산 228-5번지	032)937-2001	
	도장공설묘지	강화군 양도면 도장리 산 121번지	032)937-2001	
	하일묘지	강화군 양도면 하일리 산 21번지	032)937-2001	
	삼흥묘지	강화군 양도면 삼흥리 산 171번지	032)937-2001	
	인산묘지	강화군 인산면 인산리 산 225, 227번지	032)937-2001	
	고천공설묘지	강화군 내가면 고천리 산 6, 11번지	032)932-6302	
	오상묘지	강화군 내가면 오상리 산 91-2번지	032)932-6302	
	외포묘지	강화군 내가면 외포리 산 98-1번지	032)932-6302	
	황청묘지	강화군 내가면 황청리 산 170-1번지	032)932-6302	
	삼거묘지	상화군 하점면 삼거리 산 175번지	032)933-5302	
	장정묘지	강화군 하점면 장정리 산 188번지	032)933-5302	
	신삼묘지	감화군 하점면 신삼리 산 107번지	032)933-5302	
	망월공설묘지	강화군 화점면 망월리 산 44번지	032)933-5302	
	부근묘지	강화군 하점면 부근리 산 148번지	032)933-5302	
	덕하1묘지	강화군 양사면 덕하리 산 353번지	032)933-6301	
	덕하2공설묘지	강화군 양사면 덕하리 산 304번지	032)933-6301	
	북성묘지	강화군 양사면 북성리 산 179번지	032)932-6301	
	교산1묘지	강화군 양사면 교산리 산 307번지	032)932-6301	
	교산2묘지	강화군 양사면 산 355-1~3번지	032)932-6301	
	인화묘지	강화군 양사면 인화리 산 336번지	032)932-6301	
	하도공설묘지	강화군 송해면 하도리 산 2~13번지	032)934-4302	
	양오공설묘지	강화군 송해면 양오리 산 184번지	032)934-4302	
	승뢰공설묘지	강화군 송해면 승뢰리 산 63번지	032)934-4302	
	당산공설묘지	강화군 송해면 당산리 산 58번지	032)934-4302	
	상룡공설묘지	강화군 교동면 상룡리 산 215번지	032)932-5001	
	붕소공설묘지	강화군 교동면 붕소리 산 180-1~2번지	032)932-5001	
	지석공설묘지	강화군 교동면 지석리 산 155번지	032)932-5001	
	동산공설묘지	강화군 교동면 동산리 산 5번지	032)932-5001	
	석모공설묘지	강화군 삼산면 석모리 산 308번지	032)932-3001	
	석포공설묘지	강화군 삼산면 산 83번지	032)932-3001	
	매음공설묘지	강화군 삼산면 매음리 산 296번지	032)932-3001	
	상리공설묘지	강화군 삼산면 상리 산 177번지	032)932-3001	

지역(개소)	납골당명	위치	전화번호	비고
인천광역시 (118개소)	서검공설묘지	강화군 삼산면 서검리 산 50번지	032)932-3001	
	미법공설묘지	강화군 삼산면 미법리 산 12번지	032)932-3001	
	주문공설묘지	강화군 서도면 주문리 산 33~34번지	032)932-7004	
	불음공설묘지	강화군 서도면 불음리 산 82번지	032)932-7004	
	아차공설묘지	강화군 서도면 아차리 산 13번지	032)932-7004	
	말도공설묘지	강화군 서도면 말도리 산 21번지	032)932-7004	
	북도면공설묘지	옹진군 북도면 신도 1~2리	032)880-2601	
	북도면공설묘지	옹진군 북도면 신도 3~4리	032)880-2601	
	북도면공설묘지	옹진군 북도면 시도리	032)880-2601	
	북도면공설묘지	옹진군 북도면 모도리	032)880-2601	
	북도면공설묘지	옹진군 북도면 장봉1리	032)880-2601	
	북도면공설묘지	옹진군 북도면 장봉2리	032)880-2601	
	연평면공설묘지	옹진군 연평면 연평리	032)880-2602	
	백령면공설묘지	옹진군 백령면 진촌1리	032)880-2603	
	백령면공설묘지	옹진군 백령면 진촌2리	032)880-2603	
	백령면공설묘지	옹진군 백령면 진촌4리	032)880-2603	
	백령면공설묘지	옹진군 백령면 진촌5리	032)880-2603	
	백령면공설묘지	옹진군 백령면 진촌6리	032)880-2603	
	백령면공설묘지	옹진군 백령면 남포리	032)880-2603	
	대청면공설묘지	옹진군 대청면 청수동	032)880-2604	
	대청면공설묘지	옹진군 대청면 사탄동	032)880-2604	
	대청면공설묘지	옹진군 대청면 소청리	032)880-2604	
	덕적면공설묘지	옹진군 덕적면 진리	032)880-2605	
	덕적면공설묘지	옹진군 덕적면 서포리	032)880-2605	
	덕적면공설묘지	옹진군 덕적면 북리	032)880-2605	
	덕적면공설묘지	옹진군 덕적면 소야리	032)880-2605	
	덕적면공설묘지	옹진군 덕적면 문갑리	032)880-2605	
	덕적면공설묘지	옹진군 덕적면 백아리	032)880-2605	
	덕적면공설묘지	옹진군 덕적면 울도리	032)880-2605	
경기도 (57개소)	성남시공설공원묘지	성남시 분당구 수내동 산 6-2외 3필지	031)729-4300~1	
	의정부시공설공원묘지	양주군 광적면 석우리 산 230외 3필지	031)828-2721~5	
	안양시공설공원묘지	안산시 회화정동 산 117번지	031)389-2261	
	평택시송탄공설공원묘지	평택시 가재동 산 64-1번지	031)610-8341	

지역(개소)	납골당명	위치	전화번호	비고
경기도 (57개소)	평택시청북공설공원묘지	평택시 청북면 율북리 산 41번지	031)659-6060	
	평택시안중공설공원묘지	평택시 안중면 학현리 산 12-1번지	031)659-6093	
	동두천시안흥공설공원묘지	동두천시 안흥동 산62, 70-2번지	031)860-2262	
	안산시공설공원묘지	안산시 와동 37-2	031)486-4716	
	고양시내유동공설공원묘지	고양시 덕양구 내유동 산 82번지	031)961-6263	
	고양시성석동공설공원묘지	고양시 일산구 성석동 산 153번지	031)961-6263	
	구리시공설공원묘지	구리시 사노동 산 175-20	031)550-2261	
	남양주시화도공설공원묘지	남양주시 화도읍 묵현리 151	031)590-2613	
	남양주시수동공설공원묘지	남양주시 수동면 운수리 산400-1	031)590-2618	
	오산시공설공원묘지	오산시 가장동 산 72-2번지	031)370-3228	
	시흥시정왕공설공원묘지	시흥시 정왕동 산2-1,3	031)310-2264	
	시흥시군자공설공원묘지	안산시 서부동산3	031)310-2264	
	용인시상현공설공원묘지	용인시 수지읍 상현리 산 14번지	031)329-8211	
	용인시송전공설공원묘지	용인시 이동면 송전리 산 6번지	031)329-3126	
	파주시교하공설공원묘지	파주시 교하면 동패리 산 166-3	031)940-8109	
	파주시월롱공설공원묘지	파주시 월롱면 덕은리 산 203-8	031)945-0062	
	파주시통일촌공설공원묘지	파주시 군내면 백연리 산27	031)952-6401	
	파주시탄현공설공원묘지	파주시 탄현면 금승리 산22	031)940-8081	
	파주시파평공설공원묘지	파주시 파평면 율곡리 산5-3	031)940-8168	
	이천시백사공설공원묘지	이천시 백사면 조읍리 산99-1	031)630-0261	
	이천시장호원공설공원묘지	이천시 장호원읍 방추리 산64-7	031)641-3001	
	이천시대월공설공원묘지	이천시 대월면 초지리 산 107	031)632-1001	
	이천시설성공설공원묘지	이천시 설성면 수산리	031)641-6001	
	안성시사곡공설공원묘지	안성시 사곡동 산12-1	031)675-3766	
	안성시금광공설공원묘지	안성시 금광면 금광리 산29	031)672-3003	
	김포시초원지공원묘지	김포시 대곶면 초원지리 산 14,15	031)980-2607	
	김포시포내공설공원묘지	김포시 월곶면 포내리 산36	031)980-2608	
	김포시양택공설공원묘지	김포시 월곶면 고양리 산37-2	031)980-2608	
	여주군점봉공설공원묘지	여주군 여주읍 점봉리 산11-3	031)880-3766	
	여주군삼교공설공원묘지	여주군 점동면 처리 산86-1	031)880-3766	
	여주군광대공설공원묘지	여주군 능서면 광대리 산60-1	031)880-3854	
	여주군하다공설공원묘지	여주군 흥천면 하다리 산21-1	031)880-3874	
	화성군남양공설공원묘지	화성군 남양면 북양리 109-14	031)369-2741	

지역(개소)	납골당명	위치	전화번호	비고
경기도 (57개소)	화성군향남공설공원묘지	화성군 향남면 상신리 96	031)369-2611	
	광주시문형공설공원묘지	광주시 오포면 문형리 산65	031)760-2626	
	광주시신월공설공원묘지	광주시 오포면 신월리 산68	031)760-2632	
	연천군연천읍공설공원묘지	연천군 연천읍 현가리 산16-1	031)839-2651	
	연천군전곡읍공설공원묘지	연천군 전곡읍 고능리 산21-2	031)839-2652	
	연천군남면공설공원묘지	연천군 군남면 선곡리 산193	031)839-2603	
	연천군신서면공설공원묘지	연천군 신서면 도신리 산37-1	031)839-2608	
	연천군답곡공설공원묘지	연천군 신서면 답곡리 산269	031)839-2261	
	포천군포천읍공설공원묘지	포천군 포천읍 동교리 산32	031)530-8615	
	포천군소흘읍공설공원묘지	포천군 소흘읍 이동교리 산2	031)530-8635	
	포천군관인면공설공원묘지	포천군 관인면 냉정리 산 149-1	031)530-8612	
	포천군화현면공설공원묘지	포천군 화현면 지현리 산24	031)530-8613	
	가평군가평읍공설묘지	가평군 가평읍 상색리 산64-4	031)580-2611	
	가평군설악면공설묘지	가평군 가평읍 선촌리 산50	031)580-2621	
	가평군외서면공설묘지	가평군 외서면 상색리 산64-3	031)580-2631	
	가평군상면공설공원묘지	가평군 상면 연하리 산88-6	031)580-2641	
	가평군하면공설공원묘지	가평군 하면 현리 산5-12	031)580-2651	
	가평군북면공설공원묘지	가평리 북면 제령리 산78-3	031)580-2661	
	양평군양평읍공설공원묘지	양평군 양평읍 공흥리 159-2	031)770-2601	
강원도 (10개소)	태백시공설묘지	태백시 창죽동 산78-11	033)550-2844	
	삼척시공설묘지	삼척시 등봉동 산 115-2	033)574-7912	
	횡성군공설묘지	횡성군 갑천면 구방리 산9	033)345-2341	
	영월군공설묘지	영월군 주천면 신일리 산270	033)370-2311	
	평창군공설묘지	방림면 방림리 산692	033)330-2310	
	양구군공설묘지	양구군 양구읍 하리 산6	033)480-2311	
	고성군공설묘지	고성군 죽왕면 가진리 산44-3	033)682-4448	
	양양군공설묘지	양양군 양양읍 월리 산29	033)670-2341	
충청북도 (6개소)	청주시목련공원	청주시 상당구 월오동 산2-1	043)220-6805	
	충주시공설묘지	충주시 주덕읍 화곡리 산32-1	043)850-5223	
	청원군오창공원묘지	오창면 양청리 산84		
	옥천군공원묘지	옥천군 군서면 월전리 산19-1	043)730-3315	
	진철군공설묘지	진천군 진천읍 장관리 732-1	043)539-3345	
	청원군가독공원묘지	청원군 가덕면 청룡리	043)297-5088	

지역(개소)	납골당명	위치	전화번호	비고
충청남도 (9개소)	천안시립공설묘지	천안시 백석동 산24-1	041)550-2315	
	보령시공설공원묘원	보령시 성주면 개화리 산42-1	041)933-5671	
	보령시공설공원묘원	보령시 웅천읍 수부리 산33-1	041)930-3343	
	서산시공설묘지	서산시 인지면 산동리 산32-1	041)660-3602	
	연기군공설묘지	연기군 전동면 봉대리 산30-2	041)865-0893	
	청양군공설묘지	청양군 화성면 수정리 산126		
	예산군공설묘지	예산군 응봉면 평촌리 산37-1	041)330-2277	
	당진군공설묘지	당진군 석문면 통정리 산146-1	041)350-3341	
	당진군공설묘지	당진군 우강면 송산리 산367-2		
전라북도 (10개소)	전주시효자공원묘지	전주시 완산구 효자동3가 1026	063)281-2788	
	군산시공설묘지	군산시 임피면 보석리 산24	063)453-4055	
	팔봉공설묘지	익산시 팔봉동 산79-1	063)833-3657	
	여산공설묘지	익산시 여산면 두여리 산44	063)833-3657	
	입암공원묘지	정읍시 입암면 연월리 산159	063)530-7723	
	완주공설묘지	완주군 봉동읍 구암리 산123-1	063)291-0235	
	망향공설묘지	진안군 용담면 송풍리 산101-1	063)435-2602	
	장계공설묘지	장수군 장계면 금덕리 산74-1	063)350-2341	
	임실공설묘지	임실군 성수면 월평리 산193	063)640-2605	
	고창공설묘지	고창군 부안면 용산리 산121	063)562-2004	
전라남도 (10개소)	여수시공설묘지공원	여수시 소라면 봉두리 산190	061)685-8100	
	순천시공설묘지	순천시 삼거동 산413-1	061)749-3794	
	완도군공설묘지	완도군 군외면 삼두리 산97	061)552-4406	
	구례군시범공동묘지	구례군 마산면 사도리 산34	061)780-6095	
	보성군공설묘지	보성군 보성읍 대야리 1644-1	061)850-5311	
	장흥유치공설묘지	장흥군 유치면 대리 산 105-1	061)860-0344	
	장흥군공설묘지	장흥군 장흥읍 금산리 산28	061)863-0545	
	해남군공설묘지	해남군 황산면 송호리 890외2	061)532-2573	
	영암군공설묘지	영암군 덕진면 영보리 산24외 5개소	061)470-2314	
	광양시영세공원	광양시 광양읍 죽림리 산1-2	061)797-2444	
경상북도 (8개소)	포항시공설묘지	남구 동해면 약전리 산22	054)245-6211	
	김천시공설묘지	김천시 신음동 산41-1	054)430-1300	
	구미시옥계공설묘지	구미시 옥계동 산5-1, 산6-1	054)450-6211	
	신상공설묘지	상주시 낙동면 신상리 산8-1	054)532-5301	

지역(개소)	납골당명	위치	전화번호	비고
경상북도 (8개소)	영덕군공설묘지	영덕군 영덕읍 지풍면 삼계리 산66	054)730-6211	
	성주군공설묘지	성주군 신남면 관하리 산 31-1	054)930-6211	
	울진군공설묘지	울진군 북면 덕천리 산3-1	054)785-6162	
	울진군공설묘지	울진군 죽변면 화성리 산177	054)785-6162	
	충해공원묘지	거제시 연초면 천곡리 산71번지	055)639-3329	
	남해군공설묘지	남해군 서면 연죽리 산8	055)860-3317	
	산청군공설묘지	산청군 신동면 가술리 산4	055)973-2491	
제주도 (22개소)	제주시공설묘지	제주시 연동 2488-1	064)750-7314	
	서부공설묘지	제주시 연동 1203	064)750-7314	
	무연묘지	제주시 연동 산134-1	064)750-7314	
	제주애향묘지	제주시 노형동 산18-1	064)750-7314	
	상효공설공원묘지	서귀포시 상효동 1627	064)735-3341	
	색달공설공원묘지	서귀포시 색달동 산2	064)735-3344	
	애월읍공설묘지	북제주군 애월읍 광령리 산 157, 160	064)799-8551	
	구좌읍공설묘지	북제주군 구좌읍 성당리 54-1외 2필지	064)783-9957	
	조천읍공설묘지	북제주군 조천읍 선흘리 4116, 외 3필지	064)782-6591	
	우도면공설묘지	북제주군 우도면 연평리 349, 외 2필지	064)783-0080	
	월정리공동묘지	북제주군 구좌읍 행원리 3274외 2필지	064)783-5798	
	세화리공동묘지	북제주군 구좌읍 세화리 산5	064)783-2004	
	하도리공동묘지	북제주군 구좌읍 상도리 1148, 1149, 1150	064)783-3073	
	종달리공동묘지	북제주군 구좌읍 종달리 산3-1	064)783-3216	
	함덕리공동묘지	북제주군 조천읍 선흘리 1935외 1필지	064)783-8014	
	조천리공동묘지	북제주군 조천읍 와흘리 산18	064)783-6044	
	북촌리공동묘지	북제주군 조천읍 선흘리 4112	064)783-8522	
	판포리공동묘지	북제주군 한경면 판포리 934	064)733-1936	
	저지리공동묘지	북제주군 한경면 저지리 산54	064)773-1948	
	대정읍공설묘지	남제주군 대정읍 보성리 2135	064)730-1613	
	남원읍공설묘지	남제주군 남원읍 수망리 산 158-2	064)730-1623	
	성산읍공설묘지	남제주군 성산읍 수산리 4711	064)730-1633	
	안덕면공설묘지	남제주군 안덕면 상창리 1119	064)730-1604	
	표선면공설묘지	남제주군 표선면 성읍리 138외 1필지	064)730-1605	

마무리글

초록색 지구별에 무한한 애정과 호기심이 넘치는 나이롱 작가가, 지난가을 이 책 원고 초고를 다 쓴 후, 쓴 기간의 몇 배의 시간 동안 자기검열의 시간을 가졌었습니다.

제가 과연 '웰다잉', '웰빙'에 관해 논할 자격이 있는지⋯. 제 자신에게 묻고 또 물었습니다. 여태까지 쓴 원고를 다 엎어야 될 것 같기도 하고, 다른 분들에 비해 뛰어나지도 성공적이지도 않은 것 같은 제가 논할 수 있는 주제인가⋯ 자아비판까지 하면서 저 자신에게 묻고 또 물었습니다.

그 시간은 글을 쓰는 시간보다 더 힘들고 고통스러웠습니다.

몇 달의 방황과 고민 끝에 '책을 내자'는 결론을 내렸습니다. 방송구성작가를 10년 이상했던 경험을 살려, 많은 전문가가 쓴 책과 관련 업계 홈페이지, 병원, 호스피스 자원봉사자의 인터뷰를 참고했습니다.

책 끄트머리에서 살짝 고백하건대, 스토리텔러로서의 제 진짜 꿈은 이 초록별 지구에서, 누가 뭐라 하든 개의치 않고 야생의 들꽃처럼 꿋꿋하게 잘살고 있는 '선한 당신의 마음'을 잠시나마 훔치는 것입니다.

이제 죽음에 대한 편견 따윈 버리고, 언젠가는 닥쳐올 이별이지만, 미리미리 이 아름다운 초록별 지구와 멋지게 "세이 굿바이" 할 준비를 하면 어떨까요?

자기밖에 모르는 구두쇠 스크루지 영감이, 크리스마스 전날 꿈에서 죽음을 체험하고 전혀 새로운 사람이 된 이야기는 모두 알고 계실 겁니다. 세상의 그 어떤 정신교육이나 컨셉도 죽음만큼 강력한 모티브는 없다고 봅니다.

어느 시대고 힘들지 않았던 시대는 없었다고 하지만, 20세기에서 21세기로 세기가 바뀌는 걸 경험하고, 자고 나면 변하는 치열한 현실 속에서 한 가족의 가장으로, 직장인으로, 사업가로 열심히 살던 당신, 이제 죽음준비를 통해 그동안 어떻게 살아왔는지 자기점검도 하고 앞으로는 어떻게 살아가야 하는지 계획도 세워야 할 때입니다.

무엇보다도 이제는 자기 자신을 위해 살아야 할 시간입니다. 내 존재 자체가 이 세상에서 없어지는데, 다 무슨 소용 있겠습니까?

그럼, 이제부터는 삶이 지나치게 힘들거나 지루하지 않고, 새롭게 보일 겁니다. 심지어 무심하게 우리를 내리쬐는 햇빛마저도 다르게 느껴질 겁니다.

제가 그동안 열심히 모아놓은 따스한 햇볕 한 줌씩을 나눠드리겠습니다.
자, 받을 준비됐나요?

오류도가 보이는 창가에서
홍작가

참고문헌 및 참고자료

참고문헌

강상중. 노수경 역. (2017). 나를 지키며 일하는 법. 파주: 사계절.

김건열 외. (2014). 의사들, 죽음을 말하다 : 죽음 준비를 위한 세 의사들의 대담. 서울: 북성재.

김수환 외. (2016). 아직 펴보지 않은 책, 죽음 : 명사들이 전하는 웰다잉 메시지. 서울: 신앙과지성사.

김여환. (2015). 내일은 못 볼지도 몰라요 : 960번의 이별, 마지막 순간을 통해 깨달은 오늘의 삶. 파주: 쌤앤파커스.

김열규. (2001). (한국의 죽음론) 메멘토 모리, 죽음을 기억하라. 서울: 궁리출판.

김열규. (2012). 한국 신화, 그 매혹의 스토리텔링. 파주: 한울.

김열규. (2013). 아흔 즈음에 : 우리 시대 인문학자 김열규의 마지막 사색. 서울: 휴머니스트.

김열규. (2013). 이젠 없는 것들 2. 서울: 문학과지성사.

김조환. (2012). 아름다운 삶, 아름다운 이별 : 남은 생을 잘 살기 위한 웰다잉 가이드북. 서울: 하서출판사.

김진수. (2011). 웰다잉 = Well-dying : 인생 멋지게 내려놓는 방법. 파주: 아름다운사람들.

리더스 다이제스트 편. (1992). 죽음을 딛고 일어선 사람들 : 리더스 다이제스트

생활 속의 드라마. 서울: 동아출판사.

미래를 소유한 사람들 편. (2014). 엔딩 노트 = Ending note : 참나와 마주하는 시간. 서울: 미래를소유한사람들.

박미숙 외. (2016). 일명 '웰다잉법'(존엄사법)의 시행에 따른 형사정책적 과제. 서울: KIC(한국형사정책연구원).

법정. (2006). 인도기행 : 삶과 죽음을 넘어서. 서울: 샘터사.

오진원. (2017). (문화마다 달라요.) 세계의 장례. 서울: 현암주니어.

유호종. (2010). 죽음에게 삶을 묻다. 서울: 사피엔스21.

윤주. (2017). 스토리텔링에서 스토리두잉으로. 파주: 살림출판사.

이춘성. (2012). 독수리의 눈, 사자의 마음 그리고 여자의 손 : 이춘성 교수가 들려주는, 의사도 모르는 의사 이야기. 파주: 쌤앤파커스.

정진홍. (1981). 별들도 이런 병을 앓았다. 서울: 은애.

정진홍. (2010). 인문의 숲에서 경영을 만나다 : 정진홍의 인문경영 3. 파주: 북이십일 21세기북스.

정진홍. (2011). (정진홍의) 사람공부 : 사람을 아는 것의 힘. 파주: 북이십일 21세기북스.

정혁규. (2012). Well-dying 두려움 버리기 : 언젠가 만나야 하는 죽음, 더 이상 두렵지 않다. 서울: 상상나무.

정현채 외. (2012). 삶과 죽음의 인문학. 서울: 석탑출판.

조원규 편저. (2015). (웰다잉강사지도사 자격과정을 위한) 웰다잉의 이해와 실천. 서울: 책과 나무.

한국죽음학회, 웰다잉가이드라인제정위원회. (2013). 죽음맞이 : 인간의 죽음, 그리고 죽어감. 서울: 모시는사람들.

한국죽음학회. (2010). 한국인의 웰다잉 가이드라인. 서울: 대화문화아카데미.

Alfons Deeken. 전성곤 역. (2008). 인문학으로서의 죽음교육. 고양: 인간사랑.

Bernard Werber. 이세욱 역. (2000). 타나토노트 1, 2. 파주: 열린책들.

John Goddard. 임경현 역. (2008). 존 아저씨의 꿈의 목록 : 127개의 꿈의 목록을 작성하고 이를 실천한 존 고다드의 감동실화. 서울: 글담어린이.

Marie Deroubaix. 임영신 역. (2013). 내가 죽음을 선택하는 순간. 서울: 월컴
퍼니.

Padma Sambhava. 정창영 역. (1998). 티벳 사자의 서. 서울: 시공사.

Paul Kalanithi. 이종인 역. (2016). 숨결이 바람 될 때 : 서른여섯 젊은 의사의 마
지막 순간. 서울: 흐름출판.

Robert Fulghum. 박종서 역. (1989). 내가 정말 알아야 할 모든 것은 유치원에서
배웠다. 서울: 김영사.

Robert Fulghum. 이계영 역. (2000). 제 장례식에 놀러오실래요?. 서울: 김영사.

Robert Fulghum. 최정인 역. (2009). 지구에서 웃으면서 살 수 있는 87가지 방법.
서울: 랜덤하우스코리아.

시애틀 추장 외. 류시화 역. (2017). 나는 왜 너가 아니고 나인가 : 인디언 연설문
집. 서울: 더숲.

大津秀一. (2012). 남은 생 180일 : 더 사랑하라 다 용서하라 그리고 무조건 행복하
라. 파주: 북이십일 21세기북스.

大津秀一. 이용택 역. (2011). (1000명의 말기암 환자들이 말하는) 후회 없는 죽음을 위해
꼭 알아야 할 것들. 파주 : 북이십일 21세기북스.

위치우위. 유소영, 심규호 공역. (2004). 유럽문화기행 1, 2. 서울: 미래M&B.

참고자료

〈SBS 스페셜 천장사〉

〈웰다잉강좌〉 조원규, ㈜한국인재육성개발원.

〈참 아름다운 마침표〉 불교여성개발원. 민족사.